「御願じょうず」なひとが知っていること

意味となりたち、そしてすすめ方

稲福政斉

ボーダーインク

はしがき

沖縄にはその独特な歴史や風土などを背景に、他県とは異なる伝統的なしきたりや風習が数多く存在しますが、これらの中にも時代に即した新たな要素が常に取り込まれ続けており、百年前、十年前のそれとは確実に変化しています。

また、沖縄の文化は中国や東アジアとの関係で語られることが多いのですが、歴史的にみると幾多の紆余曲折を経つつも、ほぼ常にといってよいほど日本からの影響を大きく受け続けてきました。ことに日本の一県となった明治以降戦前まで、そして沖縄戦後のアメリカ統治期をはさみ本土復帰以降は、大和《ヤマトゥ》風、本土式などと称される日本のしきたりや風習が急速かつ大量に流入し、普及しました。そして今日もなお沖縄のしきたりに新たに取り入れられる要素としては、大和風のものが圧倒的に大きな比重を占めています。

そこで本書では、現代沖縄におけるしきたり、年中行事や供え物について、一般的な生活者の感覚として理解しやすいよう、大づかみに「大和(日本)」、すなわち他県との比較という視点で紹介するとともに、沖縄県内でも地域や家庭ごとにみられる差異はもとより時代による変化、しきたりの昔と今についても取り上げました。

知っているようで実は意外に知らないこと、今さら聞けない基本的なことなど、沖縄の御願(祈願や祭祀の儀礼)に関するさまざまな疑問の解決、あるいは他県の方々と交際する上でのしきたりのちがいの確認など、現代沖縄に生きる大人としてぜひ知っておきたいマナーの学び直しにお役立ていただければ幸いです。

マナーとは他者への敬意や思いやりを行為によって表すものですから、最も大切なのは相手に対する心配りですが、マナーの実践にはそうした意識を持つことと同時に一定の形式に沿った言葉づかいや所作、品物の支度などが不可欠です。これは、目には見えない敬意や思いやりといった心情を形式に置き換えることにより可視化するためで、一定の地域や集団によって共有される伝統的、標準的な形式をしきたりとよびます。その具体例を挙げれば、葬儀には黒い服を着る、御中元や御歳暮に贈る品には熨斗《のし》紙を掛けるといったようなものです。

世の中には実に多くのしきたりがあり、その知識や技術は到底一朝一夕で身につくものではありません。そのうえ、相手への心遣いを表すためには定められた形式をただ機械的に行うのではなく、相手や自分の立場、地域性やその場の空気なども考慮した臨機応変な判断と行動が求められます。そのため、人々が多忙を極め、時間に追われ続ける現代社会にあっては、こうした骨の折れる部分を端折って即座に単純明快な唯一の答えを得たいという需要が高まり、冠婚葬祭やマナーに関するマニュアル本が数多く出版され、マナー講師という専門家が各種メディアに頻繁に登場するようになったのでしょう。

しかしながら、沖縄のみならず世の中にあまた存在するマナーには、よくよく調べると単なるこじつけや商業的戦略から発生したものが案外多いだけでなく、なかには完全に誤りとしかいえないものまで混在しているため、本で読んだり人から聞いたりした情報を何もかも鵜呑みにするのは賢明とはいえません。とはいえ、その真偽や妥当性の判定にはいささか専門的な知識や技術が必要で、これを一般の人が修得することもまた容易ではありませんから、本書ではこうした点についても努めて言及しました。

伝統的なしきたりの中に巧妙に散りばめられたトンデモな創作やまったくの誤解についても知れば、それらを上手にかわしつつ日々の御願がよりスムーズかつスマートに実践できることと思いますし、ひいては「沖縄のしきたりは意味もわからないし、煩わしくて無駄も多くて前時代的」「トートーメーやヒヌカンに関する行事は重荷でしかない」といった、多くの現代人が御願に抱く負のイメージの払拭にもつながるのでないかと考えています。

本書を手に取られた皆さまが、怪しげな説に惑わされることなく賢くしなやかに、そして心豊かに現代沖縄を生きる真の「御願じょうず」となっていただければ、筆者にとってこれほどの喜びはありません。

目次

Ⅱ．御願の意味とすすめ方

Ⅰ．沖縄の御願十二か月

いくつもの正月

沖縄には、ヤマトゥソーグヮチ（大和正月）や新正月とよばれる新暦（太陽暦）の正月、ウチナーソーグヮチ（沖縄正月）や旧正月とよばれる旧暦（太陰太陽暦）の正月と、二回の正月があるといわれます。しかし、沖縄で「正月」とよばれる行事は、このふたつだけではありません。

旧暦一月十五日のソーグヮチグヮー（正月小）、あるいはジューグニチソーグヮチ（十五日正月）とよばれる行事もそのひとつで、これは大和で正月十五日を「小正月」として祝うのと同じ流れをくむものです。**旧暦をはじめ、古くから東アジア一帯で用いられた暦はいずれも月の満ち欠けを基準にして作られており、こうした暦では新月の一日、満月の十五日は特別な日とされてきました。**

一日が重視されるのは月の初日にあたるためですが、十五日が尊ばれるのはなぜでしょうか。その理由については、丸く欠けのない満月が円満や豊穣を表すためなどと説明されることが多いようですが、実はこうしたイメージの話だけではなく、古代の暦では満月の日を各月の一日としていたためと考えられています。**つまり、旧暦一月の満月の日、一月十五日はかつての元日であり、ソーグヮチグヮーの行事は古代の元日の名残というわけです。**

また、各家庭で仏壇にジューシー（炊き込みご飯）を供える旧暦十一月のトゥンジー（冬至）も、トゥンジーソーグヮチ（冬至正月）とよばれることがあります。これは、古代中国では冬至の日が元日であったことによるものといわれ、つまりトゥンジーもソーグヮチグヮーと同じく古代の元日の名残をとどめた行事ということになります。

さらに、正月はあの世にもあると考えられ、一族総出で墓参りをして祖霊を拝んだり、一年以内に亡くなった故人の法事を営んだりする旧暦一月十六日のジュールクニチー（十六日）は、グソーヌソーグヮチ（後生《ごしょう》の正月）といわれます。

そして、一連の正月行事の締めくくりという意味でウワイソーグヮチ（終わり正月）

ともよばれる旧暦一月二十日のハチカソーグヮチ(二十日正月)など、旧暦一月の沖縄にはいくつもの「正月」が存在するのです。

ジュールクニチーと念仏の口開け

旧暦一月十六日を、沖縄ではジュールクニチーやジュールクニッ(いずれも十六日の転訛《てんか》)といい、後生(あの世)の正月とされ、墓や仏壇を拝んで祖霊を祀ります。沖縄本島中南部一帯のジュールクニチーの墓参りは、家族または門中の代表など少人数で墓を掃除し、線香や茶菓など簡単な供え物をする程度です。

一方、宮古や八重山、久米島、本島北部などでは、重箱に詰めたご馳走など多くの供え物を携え、一族総出で墓参りをして盛大に祖霊を祀り、毎年この墓参りのため帰郷を欠かさない出身者も多くみられます。

また、本島中部の与勝半島一帯では、新暦、旧暦の元日以上にジュールクニチーが重視され、年始回りやお年玉といった正月のさまざまなしきたりも、主にジュールクニチーに行う傾向がみられます。

本島一帯では、一年以内に死者の出た家庭のジュールクニチーを、故人が初めて迎える後生の正月としてミージュールクニチー（新十六日）とよび、年忌に準じた法事を営み、親戚や知人らが焼香に訪れます。ミージュールクニチーにはジューバク（重箱に詰めた料理や餅）やムイグヮーシ（盛菓子）など年忌同様の供え物のほか、地域によってはミグイドゥールー（紙や竹で作った走馬燈《そうまとう》）、コードゥールー（香燈籠《こうどうろう》。渦巻形の線香を赤・黄・白の短冊状の紙で飾ったもの）など、この行事特有の供え物もみられます。

ジュールクニチーは沖縄独特の儀礼と思われがちですが、大和にも「念仏の口開け」、または「後生始め」「仏正月《ほとけしょうがつ》」とよばれる、よく似た行事が存在します。大和では、正月に各家庭を訪れ一年の福徳をもたらす年神が念仏を嫌う、あるいはめでたい正月に死を連想させる念仏や墓参りを忌むなどとして、年神の帰られる小正月（一月十五日）

ミグイドゥールー

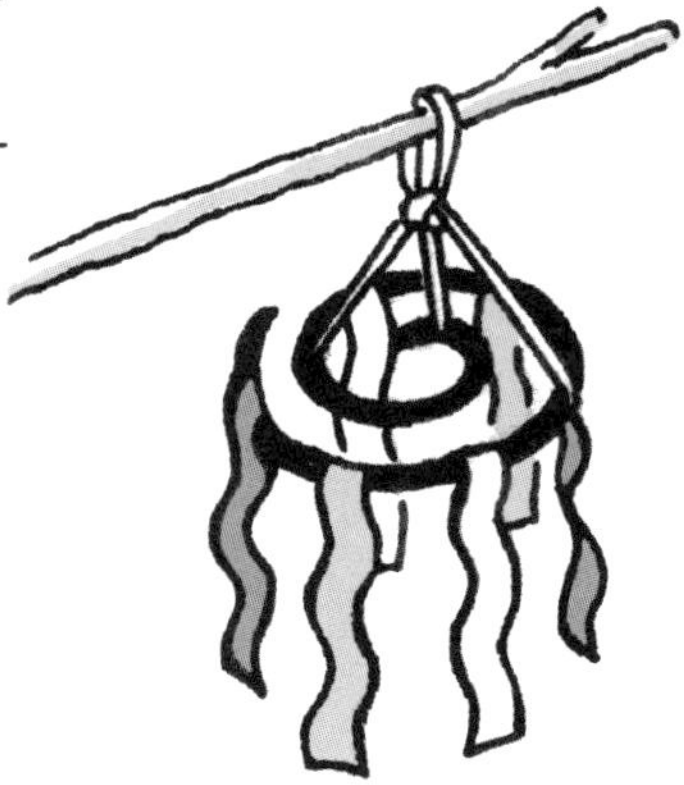

コードゥールー

ミグイドゥールー(左)とコードゥールー(右)。ミグイドゥールーは火を灯すとゆっくり回転するつくりとなっている。コードゥールーは渦巻き型の線香に黄、赤、白の紙を細長く切った飾りを取りつけたもの。

までは墓参りを控え、仏壇の扉も閉じておく風習がみられました。**念仏の口開けは、小正月の翌日である十六日にその年はじめての念仏を唱え、祖先の墓や仏壇を拝み始める行事で、日取りや内容の共通性から、ジュールクニチーと同じルーツをもつと考えられます。**

ただ、沖縄のジュールクニチーが今もさかんに行われるのに対し、大和の念仏の口開けは各地で衰退の傾向にあるようです。

沖縄の鏡開きはいつ

正月の鏡餅を床の間や神棚から下げ、ぜんざいなどに入れて食することを鏡開きといいます。年末に飾りはじめて日数を経た鏡餅は硬くなっているため、包丁で切ったり木槌で叩き割ったりして食べやすい大きさにしますが(この手間を省くため、近年では鏡餅型の容器に小餅を詰めたものが市販されています)、縁起の悪い「切る」や「割る」の語を避けて「開く」と言い換えたことが行事名の由来となっています。

現在のカレンダーや手帳は、鏡開きを一月十一日と表記したものがほとんどですが、これは東京など関東一帯の日取りで、関西では小正月の十五日とされるほか、三が日の翌日である四日、二十日正月の二十日の地域もあり、鏡開きの日は実際にはかなりばらつきがみられます。

なお、関東で鏡開きが十一日となったのは江戸期以降で、もともとは二十日に行われていた江戸城内の鏡開きの儀礼を、三代将軍家光の忌日と同日であったため十一日に移したことに由来するとされています。

大和の鏡餅に相当するものとして、沖縄には、みかん、タントゥクブ(昆布を巻きつけた木炭)、硬貨(十円玉三枚、あるいは五十円玉一枚、十円玉二枚)、米(ハナグミ。精米された米)や餅などを、赤、黄、白三枚の紙を重ね敷いた上にのせたものがあります。こうした沖縄式の正月飾りは、大晦日か元日の朝にヒヌカン(火の神)、仏壇、床の間など

沖縄式の正月飾り

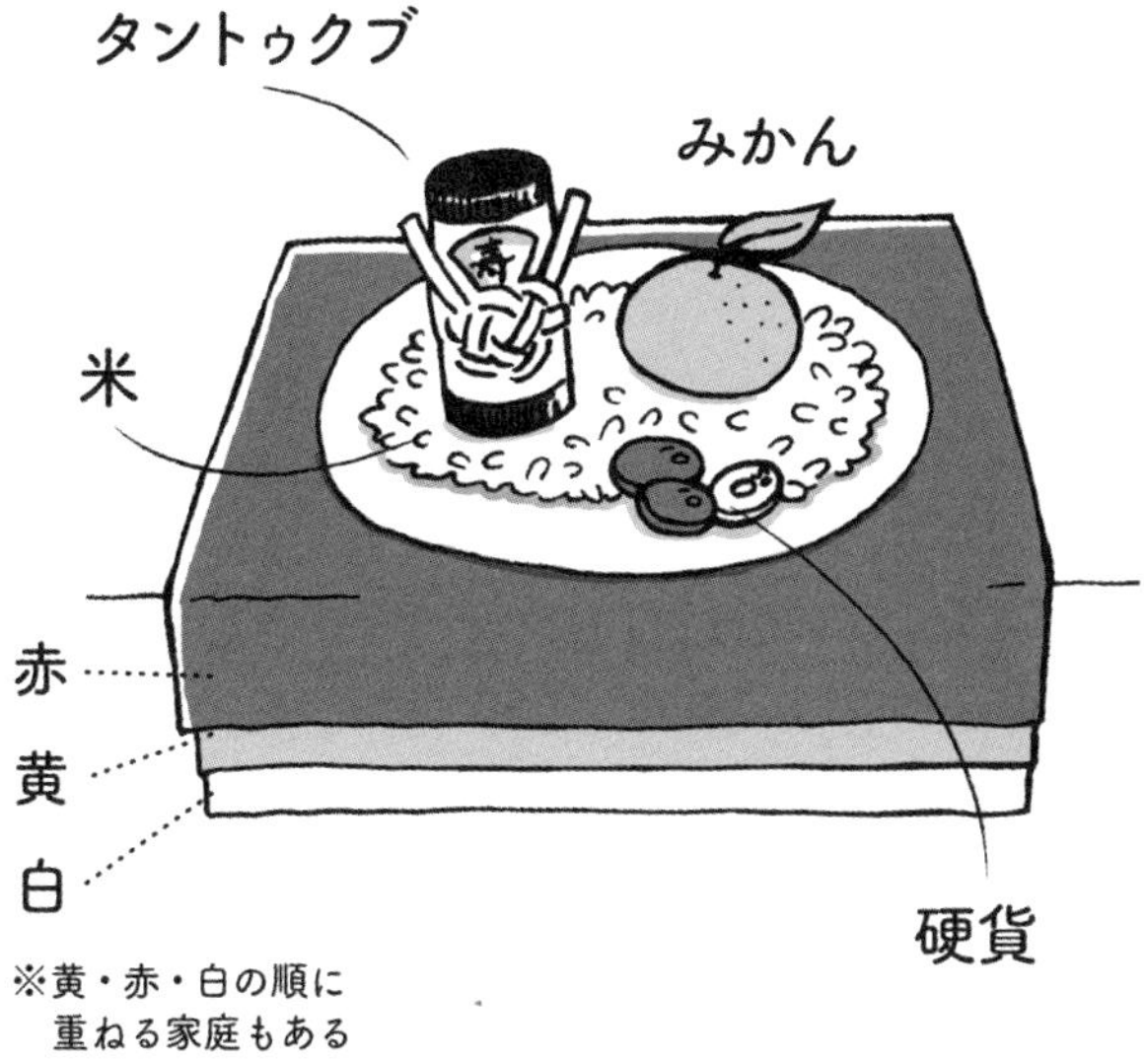

硬貨は3枚飾ることが多く、10円玉3枚、もしくは50円玉1枚、10円玉2枚が一般的。市販品のタントゥクブにつけられた水引飾りは現代的なアレンジ。

に飾り、一月七日のナンカヌスク(七日の節供《せっく》)、あるいは二十日のハチカソーグヮチ(二十日正月)に片付けられます。

このうち七日は関東一帯では門松を取り外す日とされ、正月飾りの片付けという点でよく似ています。

また二十日は他県でも鏡開きを行う地域があり、これも沖縄の風習と共通しています。

この数十年で、沖縄の正月行事の中心は昔ながらの旧暦(旧正月)から全国標準ともいうべき新暦(新正月)へ移行し、正月飾りもいまや全県的に大和式の鏡餅が主流となっています。

ただ、鏡開きの日は大和式の十一日、沖縄式の七日や二十日など家庭によってまちまちで、特に日取りを意識せず毎年適当に片付けているという家庭もかなり多いようです。**大和式の風習が沖縄で広まる場合、その受容の過程で地域ごとの実情などに即して何らかのアレンジが加えられることも多く、鏡餅を飾ること自体は一般化してもこ**

れとセットで鏡開きの日取りが普及していないことは、その好例のひとつといえるでしょう。

年始回りで仏壇に線香

沖縄では正月の年始回りの際、訪問先の家々で仏壇に「御歳暮《おせいぼ》」と表書きした贈答品を供え、線香を立てて祖先の霊に手を合わせることが一般的です。

しかし、他県出身の方がこのようなスタイルの年始回りを目のあたりにすると奇妙に思われることも多いようで、なかには「正月早々、家じゅうが線香くさくて縁起でもない」と眉をひそめる方もいらっしゃいます。他県の方にとっては、死者に手を合わせ線香を焚《た》く沖縄の年始回りは葬式や法事を連想させ、めでたい正月早々縁起が悪いと感じられるようです。実際、大和では正月の一日から十五日までは仏壇や墓を拝んではならないとされる地域も多くみられます。

こうした認識の差には、大和と沖縄で年始回りの目的が異なることに大きな理由があります。そのちがいをごく大づかみに説明するならば、大和の年始回りは、現在ではもっぱら日頃お世話になっている人や親しい人への新年のあいさつ、交際の一環として行われています。

これに対し沖縄の年始回りは、親元（本家）や親戚宅を訪ね、新年にあたり祖先を拝むために行われます。**つまり、正月早々ウチナーンチュ（沖縄の人々）が仏壇を拝み線香を焚くのは、年始回りが「祖先への新年のあいさつ回り」だからなのです。**

一年の始まりである正月に祖先の霊を祀る風習は、古くから中国や韓国をはじめ東アジア各地に広くみられるものです。

そして、近ごろではもうほとんど意識されなくなっているようですが、古くは大和でも七月の盆だけではなく正月にも子孫のもとに祖先の霊が帰ってくると考えられており、正月も盆と同様に祖先の霊を祀るさまざまな儀礼が行われていました。**ですから、**

親元や親戚宅を訪ねて祖先の仏壇を拝んで回る沖縄の正月のしきたりは、東アジア一帯の正月の習俗に共通するものであると同時に、大和にくらべて古い時代の正月の姿を色濃くとどめたものともいえるのです。

沖縄の彼岸、大和の彼岸

彼岸とよばれる行事は一年に二回、春と秋にあり、このうち春の彼岸は春分の日、秋の彼岸は秋分の日を中日として、その前後各三日、それぞれ計七日のうち適当な日を選んで行われます。

煩悩と迷いに満ちたこの世を此岸《しがん》(こちら側の岸)というのに対し、文字どおりに解釈すれば「あちら側の岸」となる彼岸は、悟りの世界を意味する仏教の言葉です。そこから、仏門に身を置く者が悟りに達するため修行を行う期間を「彼岸」と称しましたが、大和で仏教が民間に広まるに従い、僧侶の「修業」という部分が一般の人々には「善行に励み功徳《くどく》を積む」と解釈され、その実践として祖霊を供養するようになりました。おはぎやぼた餅を供えて祖先の墓や仏壇を拝む、現在私たちのよく知る大和の彼岸行事は、こうして成立したと考えられています。

沖縄の彼岸も、春と秋に各家庭で仏壇に供え物をして拝む行事で、仏門の修行に関連する要素は特にみられないことから、大和で民間に普及した祖先供養の彼岸の風習が伝わり、広まったものと思われます。

しかし、大和では僧侶に読経してもらうのに対し、沖縄にはそうした風習のないこと、仏教ではタブーとされる肉や魚、酒を供えることなど、彼岸は沖縄に伝播した後、さらに仏教色の薄い行事へと変化を遂げています。

また、大和の彼岸には欠かせない墓参りの風習がほとんどなく、ぼた餅やおはぎを供えない点も大きなちがいです。

沖縄の彼岸のすすめ方

1 仏壇の前に供え物を並べ、一家の主人・年長者などが線香12本（ヒラウコー2本）を立てる

2 「彼岸のお供えをさせていただきます」

と唱えて拝む

3 家族1人ずつ、それぞれ線香3本（ヒラウコー1/2本）を供えて拝む

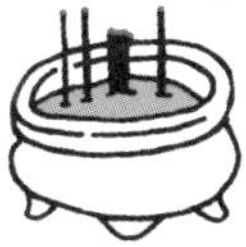

4 仏壇の手前正面に水を張った鉢を用意し、1組5枚ないし3枚のウチカビを箸などではさんで火をつける

5 ウチカビが燃えきったら、杯に注いでおいた酒を3回に分けてかける

この行事の呼称は、沖縄でも大和と同じくヒガン、またはその転訛であるヒンガンやピンガンとする地域が多いものの、ンチャビ(御紙)やカビアンジ(紙炙り)といった呼称も聞くことができます。ンチャビとはウチカビ(あの世のお金とされる、銭形を打ち付けた黄色の紙)の別名、カビアンジはウチカビを焼き供えることで、沖縄では彼岸にウチカビを供えるため、これを行事名としたものです。

なお、祖先にウチカビを供えるのは中国由来の習俗であり、大和から伝わった彼岸の行事に中国から伝わったウチカビが取り込まれている点も、沖縄で加えられた独自のアレンジです。

家庭ごとに異なるヤシチヌウグヮン

ヤシチヌウグヮン(屋敷の御願)は、ふだん家族が居住し、生活を営んでいる屋敷(住宅とその敷地)を守ってくださる神々に感謝するとともに、その力によって屋敷内をはらい清めて家族の無病息災や一家の繁栄を祈願する行事です。「屋敷」というと、現在の日本語の感覚では立派な邸宅というイメージが強いのですが、沖縄ではその規模や造りの豪華さなどとは関係なく、住宅とその敷地をヤシチ、またはこれを標準語的に発音して屋敷ということが一般的です。

ヤシチヌウグヮンは、旧暦二月、八月の年二回、あるいはこれに十二月を加えた年三回行う家庭が多いようですが、このうち二月の御願は、年の始めにあたって一年の加護を願うもので、主に二月上旬の彼岸前の吉日、または彼岸と同じ日などに行われます。

拝む箇所は、自宅内のヒヌカン、屋敷の四隅、ジョー（門）、ナカジン（屋敷の中心）などとされ、床の間、仏壇、カー（井戸）、フンシ（屋敷神を祀る祠）などのある家庭はこれらも拝みます。

また、かつてはフール（豚舎兼便所）もヤシチヌウグヮンでは重要な祈願の対象とされたことから、現在でもその代わりにトイレを拝む人もいますが、住宅の造りや家ごとの考え方などにより、いくらかちがいがみられます。

屋敷の四隅は、北、東、南、西の順に拝むともいいますが、必ずしもきちんとこの方位どおりに四角く囲われた屋敷ばかりではないうえ、二月と八月とでは逆の順序で拝む家庭もあるなど、実際は拝み回る順序もさまざまです。

また、大抵の屋敷はナカジンに母屋が建っており、四隅や門のように地面に直接線香などを置いて拝むことができないため、玄関先や縁先など建物の外側からナカジンに向かうようにして拝むことが一般的です。つまりはこれも一種のタンカー（遥拝）といえるでしょう。

供え物は、酒（泡盛）、ハナグミ、ヒラウコー（平御香。板状の黒い線香）、シルカビ（書道半紙を四分の一または八分の一に切り分けたもので、三枚重ねたものを一組として用います）、ウチャヌク（大、中、小三つ重ねの白餅）などが基本的なものです。家庭によっては、これにジューバクや果物、菓子、塩などを加えることもあるほか、必須の供え物であるヒラウコーについても、一か所に対して十二本（二枚）ずつ、十五本（二枚半）ずつ、あるいは十五本を三組ずつと、本数は家庭により多くのバリエーションが存在します。

また、アパートや借家住まいの場合、屋敷が自分の所有ではないためヤシチヌウグヮンは不要ともいいますが、実際に家族が住まわせてもらっているのだから屋敷の神々への感謝の御願はすべきという人もいて、これについても考え方はかなりまちまちです。

さらに、土地は共有、部屋は自己所有である分譲マンションのヤシチヌウグヮンのあり方に至っては、古くからのしきたりを参考にするだけではどうにも解決のできない問題で、これなどはまさに御願界における現代的課題といえそうです。

なお、分譲マンションにおけるヤシチヌウグヮンの実例としては、ヒヌカンを拝んだ後、ジョーに見立てて玄関を拝み、ナカジンや四隅については室内で拝むなどされているようです。

ヤシチヌウグヮンは、沖縄では今もさかんな年中行事のひとつですが、基本的に「旧暦二月、八月、十二月に行う」ことと「ヒヌカン、屋敷の四隅、ジョー、ナカジンを拝む」という二つの点についてはおおむね共通しているものの、それ以外の部分、例えば拝む順序や線香の本数、供え物の種類や数量などは、たとえ親類や隣同士であっても家庭によってかなりちがいがあるようです。**つまり、実際のところ唯一の正解という意味での「正しいヤシチヌウグヮン」は存在しないといえ、近年は年中行事のマニュアル本も数多く刊行されていますが、わが家の拝み方が本に書いてあるものとちがうからといって、慌てて改めてしまう必要は特にないといえます。**

ひな祭りとハマウリ

女の子のすこやかな成長を祈ってひな人形を飾り、桃の花を生け、菱餅《ひしもち》やあられ、白酒《しろざけ》をいただきつつ過ごす三月三日のひな祭りは、沖縄には近代以降に大和から伝えられたもので、麗々しく人形を飾る家庭は今でもそう多くはないものの、年中行事としてはそれなりに定着した印象があります。

沖縄の伝統的なしきたりでは、旧暦の三月三日はハマウリ（浜下り）といって、女性たちが連れだって浜辺へ繰り出し、白砂を踏み潮に手足をひたして身を清め、けがれをはらう日とされてきました。

かつては、紅色に染めたゆで卵や落雁《らくがん》、赤飯のにぎり飯やフーチムチ（よもぎ餅）といった色鮮やかなごちそうを重箱に詰めたサングヮチウジューー（三月御重）をこしらえ、これを食しつつ歌や踊りに興じ、春の浜辺でにぎやかに過ごしましたが、近ごろではこのスタイルも少し現代的にアレンジされ、家族連れで潮干狩りを楽しむ光景がよくみられます。

ひな祭りとハマウリ、このふたつの行事は一見かなり異質にみえますが、いずれも中国の上巳節《じょうしせつ》（上巳とは三月上旬の巳《み》の日という意味です）に起源をもつ行事です。ちょうど季節の変わり目のこの時季、中国では水辺で沐浴をして身のけがれをはらう風習があります。浜辺に出かける沖縄のハマウリはその影響が濃厚ですが、古くは日本でも紙などで作った人形《ひとがた》に身のけがれを移して川や海に流し、厄をはらう日とされました。

平安中期の作である「源氏物語」にも、上巳の日に須磨《すま》の浜辺で舟にのせた人形を流す場面が描かれています。美しい衣装を着せたひな人形を飾って祝うひな祭りの風習は江戸時代に定着したもので、これは上巳の節供と女児のひな遊び（人形遊び、ままごと）が習合したものとされています。

中国の厄ばらいの沐浴に起源をもつ三月三日の行事は、長い年月を経て大和ではひな人形を飾った室内に集うインドア型へと変化をとげた一方、沖縄では浜辺に繰り出すアウトドア型が引き継がれたことで、その開催場所に大きなちがいがみられるようになったというわけです。

伝統的なハマウリ

現代的なハマウリ

三月御重

ハマウリも時代とともにかたちを変え、現在では潮干狩りや浜辺でのピクニックのようなスタイルに。

清明祭と十六日祭

旧暦三月、二十四節気《せっき》の清明《せいめい》のころに行われ、シーミー（清明）やウシーミー（御清明）などとよばれる清明祭は、一族そろって墓の草刈りや掃除をしたあと、重箱に詰めた料理や餅、ウチカビなどを墓前に供えて祖先を祀る行事です。

清明祭は沖縄本島中南部一帯ではごく一般的な年中行事ですが、久米島、宮古、八重山地域では家庭単位の行事としてはほとんど普及していないほか、本島内でも北部や南部には清明祭のない地域があります。

ただし、清明祭を行わない地域の多くでは「あの世の正月」とされる旧暦一月十六日の十六日祭（ジュールクニチー、ジュールクニツとよび、いずれも「十六日」の意味）に子孫がそろって墓参りし、盛大に祖先を祀る習慣がみられます（p16「いくつもの正月」参照）。つまり、ごく大づかみにいうと、沖縄本島中南部一帯では清明祭、宮古や八重山、久米島などでは十六日祭と、墓前に供え物をして祖先を拝む行事は地域によって二つのパターンに分けられるのです。

古くは、沖縄において墓前で祖先を祀る行事といえば、多くの地域で十六日祭が主流でした。これに対し清明祭はもともと中国の行事で、沖縄に伝わった当初はもっぱら中国にルーツをもつ久米村《クニンダ》(現在の那覇市久米一帯)の人々の間で行われていましたが、一七六八(乾隆《けんりゅう》三十三)年から首里の王家が毎年清明に墓参りするよう定めたことから、しだいに王族や士族階層、そして庶民へも広まっていきました。

清明祭が沖縄本島中南部を中心に行われるのは、王家の導入を大きな契機として王都であった首里一帯を中心に年中行事として受容されたためです。

ただ、多くの供え物を用意し、一族総出で墓へ出向く大がかりな行事が毎年二回もあるのは大きな負担だったようで、清明祭が普及した地域では旧来の十六日祭のほうはしだいに簡略化され、墓の掃除をする程度の行事へと変化をとげたと考えられます。逆に、首里から離れた地域では清明祭が広まらなかったため、従来どおりの十六日祭のす

清明祭のすすめ方

1 墓の草刈りや清掃をしておく

2 サンミデー（墓口手前の壇）の中央にビンシーと重箱を供える。

3 墓口の香炉に線香12本（ヒラウコー2枚）を供え、
一家の主人や年長者が、

「今年もシーミーとなりましたので、一族で墓を清め、
ご先祖様をまつりに参りました。どうかお受取りください」

という旨を唱え拝む

4 全員がそれぞれ線香3本
（ヒラウコー1/2枚）を
供え拝む

5 1組5枚ないし3枚のウチカビを
燃やし、燃えきったら杯に注いで
おいた酒を3回に分けてかける

6 墓に手を合わせて
「ウサンデーサビラ（お下げします）」
と唱え、供え物を下げる

7 ウサンデーを取り分けて食べ、歓談する

8 全員で墓前に手を合わせて片付ける

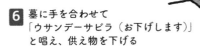

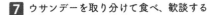

がたが残されました。そのため、宮古や八重山、久米島などでは旧暦の一月十六日に墓前に子孫がそろい、盛大に祖先を祀る習慣がみられるのです。

新しいシーミーの様式

新暦四月上旬、沖縄本島一帯は清明祭、すなわちシーミーのシーズンとなります。一族が墓前に集い、供え物のウサンデー（お下がり）を食しつつ歓談する光景は、テレビや新聞でも例年紹介されてきましたが、二〇二〇(令和二)年に世界的な流行拡大がはじまった新型コロナウイルス感染症により、その状況も一変しました。識者らは感染拡大の防止策として、シーミーを行う場合は代表者のみが参加して小規模、短時間で済ませ、互いに距離をとること、遠隔地、特に大都市圏から帰省する人を参加させないこと、重箱など一つの器から食べ物を取り分けず、個々に盛り付けることなどを提言しました。

また、流行拡大の最中にはシーミー自体を取りやめた門中(同じ始祖をもつ父系の血縁組織)や家庭も多く、インターネット上には例年どおりシーミーを行う人を非難するような、先鋭的な書き込みも散見されました。

流行拡大も一応の落ち着きをみせ、いわゆるポストコロナの時代に入ったとはいえ、シーミーを行う際には引き続き感染症対策に留意すべきですが、これには参加人数を絞った代表者や同居家族のみによって行事を行うことが有効といえるでしょう。代表者による墓参りの場合は、できるだけ少人数で一連の儀礼を手早く済ませ、墓前での会食はせずに供え物のウサンデーを小分けにして各自持ち帰ることとし、体調がすぐれない人などは参加を見合わせるようにします。

また、天候の都合などで墓参りをせず仏壇を拝んで済ませる場合は、可能な限り仏壇のある家の同居家族だけで行うようにします。ひとつの室内に大勢の人が集まれば、野外での墓参り以上に感染のリスクが高まるため、注意が必要です。

しかし、儀礼の手順や供え物といったシーミーの行事のかたちは、参加者の人数の多寡によって変わることはありません。しきたりの形式は目に見えない心を形に表すものであり、たとえ少人数、短時間で済ませようと、きちんと形式を整えたシーミーを行うことにより、私たち子孫を未曽有の大難から守り抜き、常に一族一家に平安をもたらす祖先への感謝の心を表すことができるでしょう。**新しい生活様式を築くことと伝統の形式を守ることとは、決して相反するものではないのです。**

なお、シーミーの行事自体を取りやめるのは、家庭内に死者が出て一年以内（地域によっては二年以内）、すなわち喪中のみとするのが伝統的な風習です。

ウマチーのミキ

ウマチーとは、村落（主として現在の字単位）、または門中ごとに行われる、稲作と麦

作に関わる祭祀儀礼です。村落のウマチーでは御嶽やトゥン（殿。神を迎え祭祀を行う場所）などで神々に豊穣を願い、感謝を捧げるのに対し、門中のウマチーではムートゥヤー（宗家）で祀られる祖神がその対象とされます。

ウマチーとよばれる行事は、旧暦の二、三、五、六月と一年に四回あるため、十八世紀はじめに王府が編纂した『琉球国由来記』では「麦稲四祭」と総称しています。このうち、二、三月は麦の儀礼、五、六月は稲の儀礼ですが、沖縄では多くの地域で稲作より早く麦作が下火となったこともあり、二、三月のウマチーは衰退が著しく、さらに稲もあまり作られなくなるにしたがい、五、六月のウマチーも簡略化されてきました。近年では本来四回のウマチーのうち、五、六月の二回だけを行う村落や門中も多く、なかには五月ウマチー一度のみに簡素化する例もみられるようになりました。

ウマチーの代表的かつ特徴的な供え物に、米で作るミキ、ミチ、ジンス、ウンサクなどとよばれる飲物があり、『琉球国由来記』などの史料類には「神酒」と記されることから、ミキ、ミチ、ジンスなどの呼称は神酒のことで、神に供える酒を意味することがわか

ります。ミキには、米を臼などで挽いた粉に水や砂糖を加え炊いたもの、炊いた米に麦の粉や水を加えミキサーにかけたもの、ゆるく炊いた粥など、その製法には多様なバリエーションがあります。

ただ、現在みられるこれらの製法はさほど古くはないようで、沖縄本島では明治時代、八重山の一部などでは大正から昭和初期まで、ミキは女性が口で噛み砕いた生米を甕《かめ》や桶に吐き出し、これを三日ほど置き醗酵させて作りました。俗に「口噛み酒」とよばれるこの製法は、現代的な衛生観念からすれば何とも受け入れ難いものですが、唾液に含まれる酵素の作用で穀物などの澱粉からアルコール分が生成されることを利用した酒造りの方法は、古くは大和でもさかんに行われたほか、アジア圏や中南米、アフリカなど、世界各地に広く分布していたことが知られています。

むろん現代において実際に口噛み酒が作られることはほぼないようですが、近年では二〇一六（平成二十八）年に公開され大ヒットしたアニメーション映画「君の名は。」の中で、主人公の少女が神に捧げる口噛み酒を醸すシーンが描かれたことから、これが

ミキの今昔

市販のミキ

口噛み酒

かつては口噛み酒をミキとして供えていたものの、現在は米の粉に水や砂糖を加え炊いたものやゆるく炊いたお粥、市販のミキなどを供えることが一般的に。

一時ちょっとした話題になりました。

なお、沖縄では今や缶入りのミキが清涼飲料水として市販されるようになり、これをスーパーマーケットなどで購入してウマチーの供え物とする地域や門中も多くなっています。

ポーポー・チンビンの謎

医療が発達し、衛生や栄養の面でも恵まれた現代とは異なり、かつては乳幼児の死亡率や罹病率が相当に高く、生後間もなく戸籍に載ることもないまま命を落とす子供も多かったようです。そのため、子供の健やかな成長は神仏にすがる側面も大きく、それを示すように沖縄の年中行事には子供の健康祈願を目的とするものが数多く存在します。

なかでも代表的なもののひとつが旧暦五月四日のユッカヌヒーで、この日は各家庭に祀られるヒヌカンや仏壇にポーポーやチンビンを供え、子供の無病息災を祈願します。

ところで、ポーポー、チンビンは薄く平たく焼いた円形の生地を筒状にくるくると巻いた焼菓子ですが、両者の区別は多くのウチナーンチュがかなり曖昧に捉えているようで、「一体何がポーポーで、何がチンビンなの？」と話題に上ることもしばしばです。この問題についての一応の模範回答は、チンビンが「小麦粉を水で溶き、砂糖、生姜汁などを加え、薄く平たい円形に焼き、筒状に巻いたもの」、ポーポーが「小麦粉を水で溶き、薄く平たく円形に焼き、中にアンダンスー（油味噌）を入れ筒状に巻いたもの」となります。

ただし、これは主に那覇辺りでの定義のようで、両方を特に区別することなくどちらもポーポーとする地域や、もっぱら甘い生地のものだけが作られ、これをポーポーとよぶ地域もかなり多いようです。

「スピポーポー」の名で知られる読谷村楚辺のポーポーは、卵を加えて厚く大きく作った生地が甘いチンビンのようなものですし、宜野座村惣慶では一般にサーターアンダギーとよばれる球形の揚菓子をポーポーと称しています。実際のところこのような状況ですから、今なお県内各地でどっちがポーポーでどっちがチンビンかという疑問が折にふれ浮上するのも道理というものでしょう。

また、かつては毎年ユッカヌヒーになると各地に臨時のイーリムンマチ（玩具市）が立ち、両親や祖父母らが子供たちに玩具を買い与えました。

これは、古くから中国で端午節（五月五日）の頃は日が悪いとされ、辺りに悪霊が跋扈《ばっこ》すると考えられていたことに由来する風習です。つまり、身体的にもまだ脆弱な上に大きな泣き声をあげて目立つ乳幼児は、ヤナムン（悪霊）に狙われやすい存在とされたことから、この日には特に玩具などを与えて喜ばせ、泣かないようあやして災いの及ぶことを防いだわけです。

しかし、悪霊が子供の命を脅かすという発想が非科学的なためか、玩具はもとよりゲームなどの多様な遊び道具が子供たちの周囲にあふれる時代となったためか、あるいはクリスマスプレゼントの習慣に取って代わられたためか、ユッカヌヒーに子供たちへ玩具を買い与える習慣は次第に忘れられつつあるようです。

沖縄の七夕は墓参り

七夕といえば、天の川にまつわる織姫彦星の悲恋物語、願いごとを書いた五色の短冊をさげる笹飾りなどを思い浮かべる方が多いことでしょう。

しかし、七夕の笹飾りはもともと大和の習俗で、沖縄で毎年ごく普通に見かけるようになったのは近年のことです。

一方、沖縄の伝統的なタナバタの行事といえば、旧暦七月七日に行う祖先の墓参りで、同じ「七夕」とはいえ、その内容は大和とはまったく異なるのです。

沖縄の人々が、わざわざ暑さの厳しいタナバタのころを選んで墓の草刈りや木の枝打ちを行うのは、祖先に対し数日後に控えたシチグヮチ(旧盆)の案内をするという意味があるためです。祖先の霊が年に一度、グソー（あの世）からこの世に戻り、子孫宅で三日にわたり歓待を受けるとされるシチグヮチは、沖縄では数多い年中行事の中で最も重要なものとされます。

そこで、旧暦七月十三日からはじまるシチグヮチに先がけ、七日のタナバタに子孫が祖先の墓へ出向いて手を合わせ「ウンケー（お迎え。十三日）には夕方早々と我が家へお帰りくださいませ」と唱えるのです。沖縄では「タナバタはシチグヮチの行事のはじまり」という説明を聞くことがありますが、これはタナバタの墓参りの性格をよく言い表したものといえます。

タナバタは墓の掃除のほか、墓の改修や移転、新築などにも適した日とされ、位牌や

仏壇、仏具類の新調や修理もこの日に行うとよいとされます。

また、火葬が普及するまで県内全域にみられた習慣である洗骨（いったん墓に棺ごと納めておいた遺体を取り出し、骨を洗い清めること）もタナバタに合わせて行うことがありました。これは、祖先や死者に関する儀礼を行う場合、通常はサンジンソー（三世相）やムヌシリ（物知り）など日取りの専門家に吉日を見立ててもらうところ、タナバタはヒーナシ（日なし。「暦の吉凶がない日」という意味）とされ、日選びなしにこうしたことが行えるとされるためです。

タナバタをヒーナシとする根拠については明らかではないものの、年に一度の大行事であるシチグヮチの支度にかこつけ、紛れ込ませるようにして墓や位牌の修理などを済ませてしまえば、多少の手落ちがあってもお目こぼしいただけるだろうといった先人の暮らしの知恵のひとつだったのかもしれません。

旧盆、新暦の盆、月遅れ盆

盆は、現在も全国各地でさかんな年中行事のひとつです。**近代以前は、沖縄も大和も太陰太陽暦、いわゆる旧暦を使っていたため、盆は全国どこでも旧暦七月でしたが、新暦が採用された一八七三(明治六)年以降、「旧盆」、「新暦の盆」、「月遅れ盆」の三つのパターンがうまれ、地域により日取りが分かれてしまいました。**

このうち沖縄の盆は、旧暦七月十三日から十五日(地域によっては十六日)に行う「旧盆」で、これは新暦採用以前の日取りをそのまま引きついだものです。中国や四国、九州の一部にもみられますが、県下全域が旧盆というのは今では全国でも沖縄だけとなりました。

これに対し、新暦七月十三日から十六日に行う「新暦の盆」は、東京や横浜といった首都圏を中心に、北海道や北陸の一部などにみられ、七月の行事である盆をそのまま新暦に移行したものです。今日では正月、ひな祭り、七夕などの行事は新暦で行うのが全国

地域による「お盆」の時期のちがい

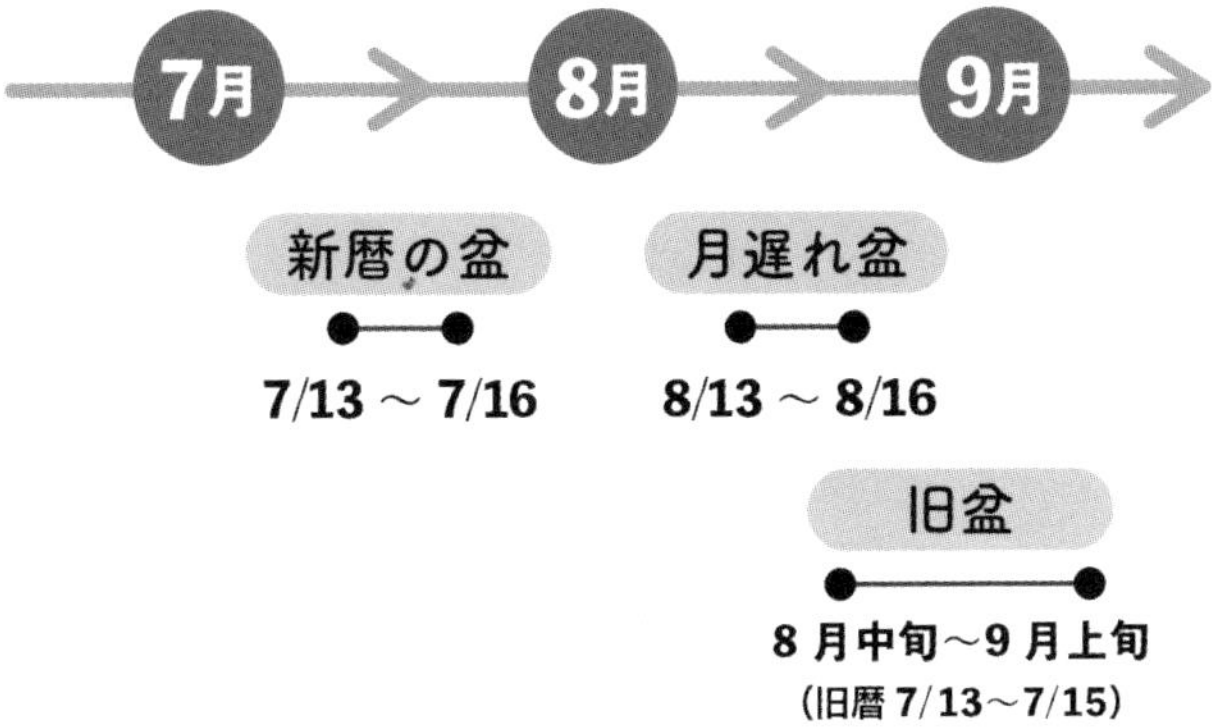

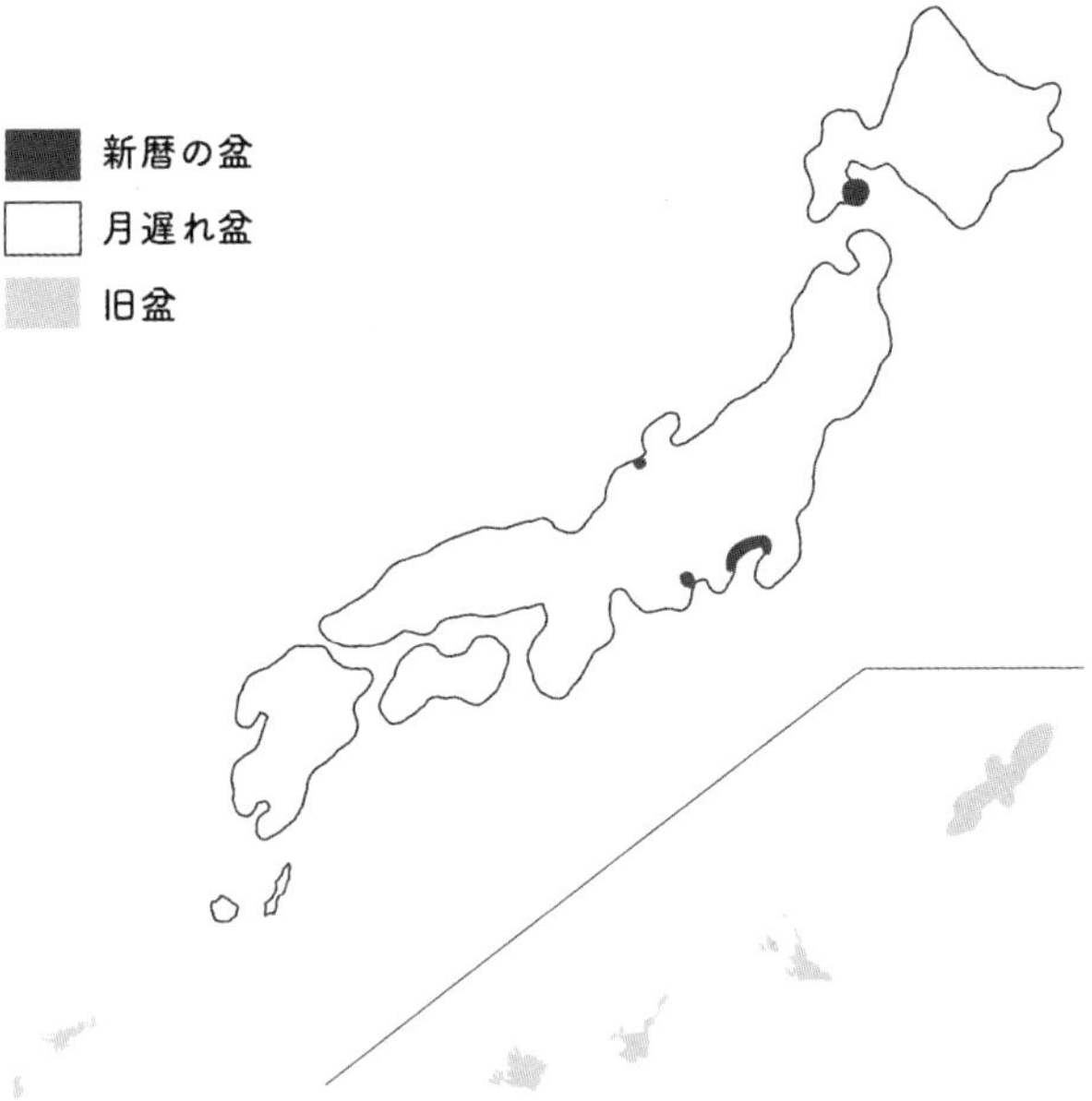

的な傾向ですから、新暦の盆もこれらと同じ日取りのしかたということになります。

そしてもうひとつの盆は、新暦八月十三日から十六日に行う「八月盆」「月遅れ盆」とよばれるものです。近代以降、新暦が人々のくらしの中に定着すると、毎年新暦での日付が変わってしまう旧盆は不便とはいえ、新暦七月の盆では季節感に乏しく農繁期とも重なるといった事情から、日付は新暦にもとづきながら一か月遅らせることで旧盆と時期が近くなるよう調整したのが月遅れ盆です。この月遅れ盆は、ちょうど学校の夏休み期間となり、故郷を離れ暮らす人々には家族での帰省に好都合なうえ、第二次大戦後は八月十五日が戦没者を慰霊する終戦記念日となったことも影響して広まったとされ、現在では全国的に最も多い盆の日取りとなっています。

ちなみに、沖縄では会社やお店の盆休みは二日程度、ウークイ(お送り)とその翌日というパターンが多いようですが、他県では一週間以上の長い盆休みもみられます。大和の長期の盆休み、そして大規模な帰省ラッシュは、江戸時代にはじまる「薮入り(住み込みの奉公人などに盆と正月に休暇を与え、実家へ帰す風習)」の名残といわれています。

御中元を贈る相手と時期

シチグヮチに親元や親戚宅を訪ね、仏壇を拝むしきたりには、一年ぶりにグソーからこの世に戻られた祖先に対し、子孫があいさつをするという意味があります。

シチグヮチの親戚回りには「御中元」と表書きした品を供えて仏壇を拝み、沖縄では御中元といえばシチグヮチに仏壇へ供える品を指すことがもっぱらです。

これに対し大和では、実家や親戚筋のほか、恩師や仲人、仕事の取引先や上司などに贈ることが一般的で、御中元は日頃お世話になっている方へ感謝のしるしとして贈る品と考えられています。

こうしたちがいは、もともと大和の風習である御中元がこの数十年で沖縄に広まるうち、盆の親戚回りで祖先に供え物をする古くからの習慣と融合し、やがて盆の供え物を御中元というようになったことによるものです。今ではこの沖縄独自の御中元のスタイルはすっかり定着し、県内のスーパーなどで販売される旧盆用のギフトセットには、ほぼ例外なく「御中元」と表書きした熨斗紙が掛けられています。

御中元を贈る時期は、大和では盆の時期が地域によって異なるため若干ちがうものの、全国的には七月から八月ごろとされ、おおむね盆の一か月ほど前から盆の期間中までに贈るのがマナーとされます。

これに対し、沖縄ではシチグヮチの祖先への供え物という性格上、旧暦七月十三日から十五日のうちに親戚回りをして供えることが一般的です。

近ごろ沖縄では、旧暦七月七日のタナバタを過ぎれば親戚回りをして御中元を供えてもよいと説明する方もいるようですが、この世に戻られた祖先へのあいさつという本来の目的からすれば、シチグヮチの三日間のうちに供えることにこそ大きな意味があるのです。沖縄では、祖先の墓を掃除してシチグヮチの案内をするタナバタを「盆行事のはじまり」ということがあります。「タナバタを過ぎれば親戚回りは可能」との説はおそらくこれを拡大解釈し、現代人の生活スタイルに合うよう親戚回りの期間を三倍に延長するため考え出されたのかもしれません。

ポストコロナ時代のシチグヮチ

旧暦七月、祖先の霊が年に一度この世に戻り、子孫から数々のウトゥイムチ（もてなし）を受けるシチグヮチは、沖縄ではたいへん盛大な年中行事です。

しかし、二〇二〇（令和二）年にはじまった新型コロナウイルス感染症の流行拡大を契機に、多くの人が集まって行う従来型のシチグヮチの儀礼を見直す動きがみられるようになりました。

シチグヮチのさまざまな儀礼の中でも、感染のリスクを抑える上では親戚回りを控えることが訪ねる側、迎える側の双方にとって非常に有効といえます。

ただし、シチグヮチに親戚宅を訪ね仏壇を拝むことには、一年ぶりに戻られた祖先にあいさつを申し上げる意味があるため、訪問を控える場合は御中元や供え物を宅配便などで送った上で、「今年は直接行けないので、ご先祖様にお供えしてウコー（線香）をあげてください」と、仏壇のある家の人に電話やメールなどで依頼しましょう。

なお、自宅のヒヌカン（火の神）を通してリモート（遠隔）で拝む方法を勧める人もいるようですが、これはシチグヮチの親戚回りの代替手段とはなりません。

シチグヮチの最終日、家族や親戚が集い、賑やかに祖先の霊を送るのが長年の習わしとされてきたウークイも、できる限り仏壇のある家の同居家族だけで行うことが感染リスクを抑える上では有効といえます。この場合、参加しない別居の家族や親戚は、自らの分の線香やウチカビを仏壇に供えてもらうよう依頼します。

新型コロナウイルス感染症の蔓延期には、仏壇のある家と離れた場所にいる家族や親戚を動画でつなぎ、ウェブ会議やリモート飲み会のようにウークイを行う「リモートウークイ」が話題となりました。この新手法は、人の密集を回避しつつウークイの賑やかな雰囲気をリアルタイムで共有でき、一家一族の親睦を図り、絆を深める上では有意義といえます。

ただ、リモートウークイとはいっても実際には遠隔操作で儀礼を行うわけではなく、仏壇のある家で通常どおりに行われるウークイの様子をライブ配信しているだけ

リモートウークイ

リモートウークイには儀礼的な意味は特にないものの、行事への参加が難しい遠隔地の家族とウークイの雰囲気をリアルタイムで共有でき、互いの絆を深める上で有効。また、一箇所に集まらないことは感染症対策にも。

なので、リモートウークイ自体に儀礼上の意味は特にありません。

感染症の流行拡大以前とは日常生活の様式が一変した、いわゆるポストコロナの時代にあって、シチグヮチをはじめとする年中行事、祭祀儀礼を行う際に留意すべき点としては、適切な消毒や換気などとともに、儀礼はできるだけ短時間、少人数で済ませ、飲食や会話は極力控えること、供え物のウサンデー（お下がり）はまず一人分ずつ取り分けることなどが挙げられるでしょう。

しかし、こうした点にさえ十分配慮すれば、供え物や儀礼の進め方といった伝統的な形式については、特に変更する必要はないのです。

シチグヮチの最大の目的は、けっして家族や親戚が大勢で集い酒食を共にして騒ぐことではなく、一年ぶりに戻られた祖先のウトゥイムチ、供養であるという基本に立ち返り、まずは形式をととのえ粛々と行事を執り行いたいものです。

トーカチと米寿祝い

沖縄では一定の年齢に達した人を祝うトゥシビーの風習がさかんで、その対象となる年齢は基本的にウマリドゥシ（生まれ年。十二年ごとに訪れる、その人の生年と同じ十二支の年）となっています。トゥシビーの語源は「年忌み」ともいわれ、ウマリドゥシは本来厄年として忌み慎むべき年齢とされたものが、近ごろはもっぱら長寿を祝い健康を願う、人生のめでたい節目と考えられています。

ただ、トゥシビーに当たる年は災いに遭いやすいとして、人生の中では大事業というべき結婚や住宅の新築などを控える傾向は今もみられます。

トゥシビーの年齢は、数え年の十三歳（ジューサンユーエー）、二十五歳、三十七歳、四十九歳（ククヌトゥグンジュー）、六十一歳、七十三歳、八十五歳、八十八歳（トーカチ）、九十七歳（カジマヤー）で、ウマリドゥシが基本となるため、おおむね十二年周期で

訪れますが、八十八歳のトーカチに限ってはウマリドゥシとなっていません。これは、トーカチが他のトゥシビーとは異なり大和の長寿祝である米寿に由来するためです。

なお、七十歳以上の大和の長寿祝は、次に示すように米寿の八十八歳を除けば沖縄のトゥシビーとは年齢が異なり、その多くは漢字の字形にちなむものとなっています。

古稀（七十歳）……杜甫《とほ》の詩に「人生七十古来稀」とあることから
喜寿（七十七歳）……「喜」の草書体を分解すると、「七十七」となることから
傘寿（八十歳）……「傘」の略字「仐」を分解すると、「八十」となることから
米寿（八十八歳）……「米」の字を分解すると、「八十八」となることから
卒寿（九十歳）……「卒」の略字「卆」を分解すると、「九十」となることから
白寿（九十九歳）……「百」の字から「一」を取ると、「白」となることから

沖縄のトーカチは、年齢の八十八歳に合わせて旧暦八月八日に行われ、仏壇やヒヌカンを拝み長寿への感謝と健康、息災を祈願し、親類や知人を招き祝宴を催しますが、

人の一生とトゥシビー

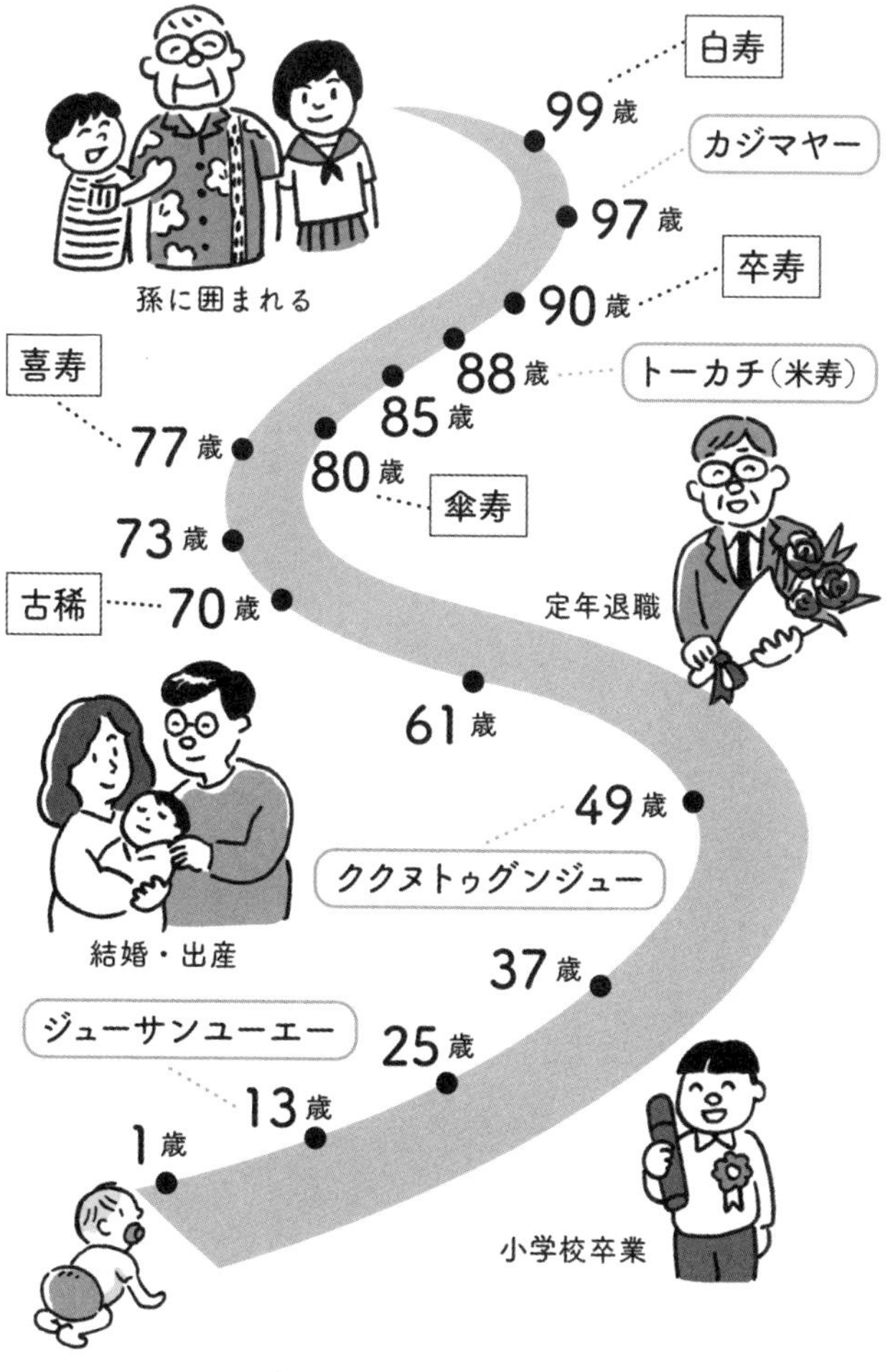

トゥシビーは元来は厄年であったが、現在は長寿を祝い、健康を願う行事に。70歳以降はお祝いで大忙し。

トーカチという名称は、祝宴で引出物として来客にトーカチ（斗《と》掻《かき》。枡に盛った米を平らにすり切るために使う竹の棒）を配ることに由来しています。この引出物は言うまでもなく米寿の「米」にちなむもので、ウマリドゥシによらない沖縄の長寿祝トーカチのルーツが、大和の米寿にあることを示しています。

盆の後、八月は厄払いの行事が目白押し

旧暦も八月となると、ただでさえいつ終わるとも知れない厳しい暑さにフミチマキ（暑気あたり）気味のところ、シチグヮチや夏休みから引きずった疲労も加わり、体調を崩す人も多くなります。**そんなわれわれの弱ったところを狙いすましたかのように、この時季にはヤナムン（よくないもの）、チガリムン（けがれたもの）などとよばれる邪気、悪霊が跋扈し、人々に災いをもたらすと信じられてきました。**

七月の盆には、祖先の霊が遠くグソーから子孫のいるイチミ(この世)とへお越しになられますが、誰にも供養してもらえない無縁の霊たちもこの機に乗じて付いてきてしまうとされています。祖先の霊は子孫による手厚いウトゥイムチを受けた後、ウークイの儀礼によって再びグソーへと戻るのに対し、一緒にやってきた無縁の霊たちは盆が済んでも戻ることなく、しばらくイチミに居座り続けるとされ、つまりこれがヤナムン、チガリムンの正体というわけです。

そのため、祖先の供養に明け暮れた七月とは打ってかわって、旧暦八月は辺りに漂う不吉な気をはらう行事が目白押しとなるわけで、地域によって多少異なるものの、八日から十一日頃をヨーカビーといい、爆竹を鳴らしてそのけたたましい音によって邪気を払いました。

また、ヨーカビーの頃には目に見える妖気、邪気ともいうべきタマガイ(火の玉)もよく出るとされ、子供たちは見晴らしのよい丘や木の上などに陣取り、夜通し目を凝らしてタマガイの出没を見張りました。子供たちのタマガイ観測は、戦前はかなりさかんだったようで、ウーマクワラバーター（腕白な子供たち）はこの日ばかりは世間晴れて夜遊びができると、木の上にタマガイを見張るヤックヮ（やぐら）を拵《こしら》えたといいます。

八月のヤシチヌウグヮンとシバサシは、このヨーカビーとほぼ同じ時季の行事ですが、これもまたヤナムン払いを目的とするものです。

まず、ヒヌカンやジョー、ナカジン、屋敷の四隅などを拝み回り、シチグヮチ以来屋敷内に滞留しているさまざまな邪気をはらい清めます。その後、門の両側や屋敷の四隅などといった場所にグシチ（ススキ）の葉とナンデンシー（桑）の小枝を束ねて結わえたゲーンやサンとよぶ魔除けを挿し、結界をめぐらせていきます。ヤシチヌウグヮンで追い出し、シバサシでバリアを張って再侵入を防ぐという二段構えの念の入れようから、ヤナムンに対する相当な警戒心がうかがえます。

またこの頃、地域によってはハチグヮチカシチー（八月強飯）といって赤カシチー（豆を入れて炊いた糯米《もち》のおこわ)が仏壇に供えられます。古くから、赤い色は魔物を払い厄災を遠ざける力をもつと信じられており、小豆を混ぜて炊くことにより赤く色付けしたカシチーも、魔除けの効果を期待した供え物です。

なお、同じく八月の行事であるジューグヤー(十五夜)に供えるフチャギも、白い餅の表面に赤い小豆をまぶすことには赤カシチーと同様に魔除けの意味があり、こうした供え物の「赤いシリーズ」は、ヤナムンのはびこる八月ならではのものといえるでしょう。

フチャギとおはぎ

春と秋、旧暦二月と八月に各家庭で祖先を祀る彼岸は、大和から沖縄に伝わり広まった行事です。

ただ、大和では彼岸に墓参りをするのに対し、沖縄では仏壇を拝んで済ませることが一般的です。

また、沖縄では料理（煮しめや揚げ物）と餅（白餅やあん餅）からなる、いわゆるジューバク（重箱）を供えますが、大和では餅に小豆のあんをまぶした、ぼた餅やおはぎが彼岸の代表的な供え物となっています。

春の彼岸のぼた餅は牡丹、秋の彼岸のおはぎは萩に由来し、いずれも季節の草花から採った美しい名ですが、本来は、ぼた餅は漉しあん、おはぎは粒あんで作りました。これは、秋には収穫したばかりの皮の軟らかな小豆で粒あんを炊き、春には長く貯蔵して硬くなった皮を取り除き、漉しあんにしたためです。

こうしたぼた餅とおはぎのちがいが近ごろではあまり意識されなくなったのは、小豆の保存技術が向上し、粒あん、漉しあんの両方が一年中作られるようになったためでしょう。

小豆を使った行事食としては、沖縄では旧暦八月十五日のジューグヤーに供えるフチャギがよく知られています。**フチャギは表面に茹でた小豆をまぶした小判型の餅で、豊穣への感謝と災厄払いの行事であるジューグヤーに供えられることには、秋の収穫物である小豆を神々に捧げるのと同時に、豆の赤い色で厄を払う意味もあります（古くから、赤は邪気を遠ざける力をもつ色と考えられてきました）。**

おはぎ

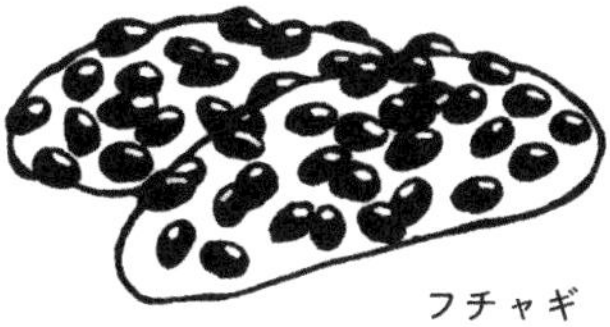
フチャギ

大和で秋の彼岸に供えるおはぎと、沖縄でジューグヤーに供えるフチャギは、材料や形態、どちらも旧暦八月の行事に作り、本来は収穫間もない小豆を用いた点はよく似ています。

しかし、おはぎが小豆に砂糖を加え甘く炊いたあんを使うのに対し、フチャギは茹でた小豆にも餅にも甘みを加えないため、味の上では大きく異なります。

ただ、近年では砂糖を加えた甘いフチャギが多く市販されるようになったほか、よく似ている点に着目してかジューグヤーにおはぎを供える家庭もあるなど、沖縄伝統のフチャギには甘さを好む現代人のニーズを反映した変化をみることができます。

花のない沖縄の菊酒

旧暦九月九日は大和では重陽の節供、菊の節供とよばれますが、沖縄でもこの日はチクザキ（菊酒）やチクウジャキ（菊御酒）などと称し、盃に注いだ酒に菊の葉を浮かべた菊酒をヒヌカンや仏壇に供え、家族の健康と長寿を祈願します。

重陽の節供の起源は中国で、古くは月と日が同じ数字となる重日は不吉とされたため、その災厄をはらう意味で行われたものが、時代が下るにつれて縁起のよい陽数（奇数）の重日を祝う儀礼に転じたとされます。

なかでも、一桁の陽数のうち最大の「九」は帝王を象徴する数とされたことから、九月九日は「重陽節」や「重九節」として特に尊ばれました。

また、重陽節に菊花を鑑賞し、その花びらを浮かべた酒を酌み交わして互いの長寿を祈る風習が生まれたのは、ちょうどこの時期に菊の花が見頃を迎えることに加え、古くから中国では菊の高い香気に邪気をはらう効能があるとされたためです。もともと重日の災厄を退けるために行われた重陽節にふさわしい植物として、儀礼の中に菊が取り入れられたものと思われます。

菊酒

中国から日本へ伝えられた重陽節は、平安時代には宮中儀礼のひとつとなり、その後は次第に年中行事として民間にも広まりました。江戸時代の庶民の遊戯具である花札に菊酒を表す「菊に盃」の図柄が描かれていることは、重陽の節供が当時すでに一般に広く知られていたことをよく示しています。

一方、沖縄では十八世紀初頭に王府の編纂した『琉球国由来記』に首里城内の年中行事として「九月九日」が挙げられているほか、十八世紀中頃の久米村の上流家庭の儀礼や習俗を記録した『四本堂家礼』にも、この日に菊酒を供えるとあります。

ただし、こうした風習がみられるのは首里や那覇を中心に一部の限られた地域や家庭にとどまっており、菊酒を供える重陽の節供は、沖縄では大和のように庶民層にまで広く普及することはなかったようです。

また、中国や大和では菊の花を酒盃に浮かべたものを菊酒というのに対し、沖縄の菊酒には菊の葉が用いられます。重陽節が菊の花のさかりの行事であることからすれば、菊酒には花を用いるのが自然な考え方ですから、沖縄の菊酒は独自の変化を遂げた、きわめて特殊なものといえるでしょう。

なお、沖縄本島中北部には、菊酒にイシヂク(和名モクビャッコウ)の葉を用いる地域もあります。花の代わりである菊の葉さえも入手が難しかったため、さらなる代用品として同じキク科の植物である身近なイシヂクの葉を用いたものと思われますが、これもまた沖縄で独自の変化を遂げた菊酒といえるでしょう。

カミウガミの今昔

旧暦九月頃、御嶽やカー（井戸や湧水）の神々、遠祖などに対して日頃の加護に感謝するとともに、一族の繁栄や息災を祈願するため、同じ門中に属する人々が打ち揃って何か所もの聖地を拝んで巡るカミウガミ（神拝み）がさかんになります。一月や五月にカミウガミを行う門中もあるものの、やはり最も多いのは九月のようで、クングヮチウガミ（九月拝み）という語もあるほどです。

カミウガミの中でも、知念玉城と連称される現在の南城市一帯をはじめ、本島南部の聖地を巡るアガリウマーイ（東御廻り）、あるいはアガリカタウガミ（東方拝み）などとよばれるものと、今帰仁城内の拝所やその近辺の古墓や旧家など、北部の聖地を巡るナチジンヌブイ(今帰仁上り)やナチジンウガミ(今帰仁拝み)とよばれるものはよく知られており、この両者は沖縄本島地域のほぼすべての門中で行われてきたといっても差し支えないでしょう。

またこれらとは別に、自らの祖先にゆかりの深い特定の地域の聖地を巡るいわばオリジナルのカミウガミを行う門中もみられます。

一度に数か所、多いものになると十数か所もの聖地を巡拝することがカミウガミの最大の特色ですが、その一例としてアガリウマーイの代表的な拝所を挙げれば、首里の園比屋武御嶽《スヌヒャンウタキ》を振り出しに、与那原町の御殿山《ウドゥンヤマ》、親川《ウエーガー》を経て南城市へと入り、旧佐敷町の佐敷上《さしきウィー》グスク、場天御嶽《ばてんウタキ》、旧知念村のテダ御川《ウッカー》、斎場御嶽《セーファーウタキ》、知念《ちねん》グスク、知念大川《ちねんウッカー》、旧玉城村の受水走水《ウキンジュハインジュ》、ヤハラヅカサ、浜川御嶽《ハマガーウタキ》、ミントングスク、玉城《たまぐすく》グスクといった具合です。

さしずめ沖縄版お遍路ともいうべきカミウガミが旧暦九月に行われることが多いのは、かつて多くの人々の生業が農業であった頃、ちょうどこの時期が農閑期であったためだとされています。かつてカミウガミは数日がかりの旅でしたが、その間も田畑を放置するわけにはいかないため、必然的に収穫を済ませた後の時期が選ばれたというわけで、つまりカミウガミの日取りは神様側の都合ではなく、イチミの人々の仕事の都合によるもののようです。

九月のほか、正月や五月にカミウガミをする門中や地域があるのも、かつては作物のちがいなどにより、地域によって農閑期が異なっていたことが理由のひとつだろうと思われます。

しかしいかに農閑期に行うとはいえ、こうした大がかりな聖地巡礼を毎年繰り返せば一族の繁栄を祈るつもりがかえって家産を傾け、家運衰退の原因ともなりかねません。そのため、ほとんどの門中でカミウガミは何年かおきに実施する行事とされ、これをニンマーイやニンマールーといい、古文書には「年廻」などと表記されています。

カミウガミのニンマールーは門中によって異なるものの、多くは三年マールー、五年マールー、七年マールーのように奇数年の周期となっています。

ただ、ここで少し注意したいのはニンマールーの数え方で、例えば三年マールーは現代的感覚で丸三年の間隔をあけて行うと考える人も多いのですが、古くは、年数は当年を含めて数えられたため、実際には二年ごと、つまり隔年での実施を意味しています。これはちょうど満年齢と数え年の関係と同じと考えれば理解しやすいかと思います。

かつては、日数と費用の面から毎年行うことが難しいためニンマールーで続けられてきたカミウガミの旅ですが、今や自家用車を利用して全行程を一日で済ませることが一般的になりました。

そして、大規模な門中ともなるとバスをチャーターして遠足さながら数十名単位で今帰仁や知念玉城の聖地を巡るケースもあるなど、伝統のカミウガミにもモータライゼーションの影響は顕著といえます。

くわえて近頃では、カミウガミを「琉球のパワースポット巡り」などと洒落た表現に言い換え、「琉球古神道の強力なパワーがいただけます」と紹介したものをみることがあります。これなどは、スピリチュアル系の人々によって伝統的なカミウガミの捉え直しが行われ、パワースポット巡り、聖地巡礼という新たな位置付けがなされつつあることを示すものでしょう。

冬至の食べもの

一年のうち最も昼が短い日として知られる冬至は、それまで日ごとに短くなってきた日照時間がこの日を境にのびていくため、古代の人々は一陽来復、すなわち太陽の力の復活再生と捉え、特別な日として喜び、祝いました。

また、古くは冬至が一年の始まり、すなわち元日とされた時代があったことから、冬至の儀礼は古代の正月行事の名残ともされています。

大和でも沖縄でも、今なお冬至は特別な日と考えられており、かぼちゃを炊いて食べる風習が各地にみられます。これは、冬至に「ん」の付くものを口にすれば「運」が付くという縁起担ぎで、南瓜《なんきん》(かぼちゃ)、蓮根《れんこん》、人参《にんじん》、銀杏《ぎんなん》、金柑《きんかん》、寒天《かんてん》、饂飩《うんとん》(うどん)などを食したことによるものです。

このうち、南瓜、すなわちかぼちゃは、陰陽の陽を意味する「南」の字が付くこともあり、太陽の復活を祝う日である冬至には特にふさわしいと考えられ、最も代表的な行事食となったのでしょう。

一方、冬至をトゥンジーとよぶ沖縄では、この日にトゥンジージューシーと称する炊き込みご飯を食し、仏壇のある家庭では祖先に供えて一家の息災を祈願する風習があります。ジューシーの語源は雑炊ですが、沖縄では雑炊も炊き込みご飯もジューシーといい、雑炊はヤファラジューシー(「ヤファアラ」は「軟らかい」という意味。ボロボロージューシーともいいます)、炊き込みご飯はクファジューシー(「クファ」は「固い」という意味)とよんで区別します。

トゥンジージューシーは、豚肉やチンヌク(里芋)を具材としたクファジューシーで、かつての沖縄ではクワッチー(ごちそう)の代表であった米と肉をふんだんに用いた行事食からは、冬至が一年の中でも特に重要な節目のひとつと捉えられてきたことがうかがえます。

ヤファラジューシー

クファジューシー

トゥンジージューシー

大和のかぼちゃにせよ沖縄のジューシーにせよ、冬至の日に滋養豊かなものを食することは、これから訪れる本格的な寒さを乗り切るための栄養補給という点でも理に適っており、どちらも先人たちの長い経験にもとづく知恵が生み育んだ風習といえるでしょう。

地域によるちがいの多いムーチーウユミ

旧暦もシワーシ(師走)、十二月に入ればでもいよいよ本格的な寒さの訪れとなります。寒いといってもこの時季の平均気温はおおむね十七度ほどですから、雪に見舞われる大和の方々からすると大したことはないのでしょうが、常夏の島にあってはこの程度の冷え込みでも「フィークナティィチョーイビーンヤー(寒くなってきましたね)」があいさつ代わりとなります。

古くから沖縄では、ほぼ毎年決まってこの時季に訪れる寒波を「ムーチービーサ」とよび習わしていますが、この言葉はちょうど同じ頃にある年中行事のムーチーウユミ(鬼餅折目)に由来するものです。

ムーチーウユミは、各家庭で植物の葉に包んで蒸しあげたムーチーまたはカーサムーチーとよぶ餅を作り、ヒヌカンや仏壇などに供えて一家の息災、特に子供の健やか

な成長を願う行事です。ムーチーを包むカーサ(葉)には、現在ではもっぱら独特の香気をもつサンニン(ゲットウ)が使われますが、かつてはサトウキビの葉も身近なものとしてよく利用されました。

また、クバ(ビロウ)の葉で包んだ通常のものより ひと回り大きいムーチーを特別に拵え、男の子だけに与える習慣もありました。これはチチャラムーチー(力餅)などといい、その名を「力持ち」とかけて男の子が力に恵まれ強く健康に育ち、一家が末永く栄えるよう願う意味がありました。

ただし、近頃はムーチー界においても男女間格差をなくす努力が払われつつあるのか、このチチャラムーチーはあまり見かけなくなりました。

カーサに包む餅は、特に味や色を付けない白餅のほか、砂糖やトーナチン(タカキビ)などを混ぜ込んだものがよく作られましたが、近頃はこれらに加え、紅芋やウッチン(ウコン)、こし餡、かぼちゃなどを使い、さまざまな色や味のムーチーが作られるようになりました。

子供の年齢の数だけムーチーを藁縄などで結わえてすだれのように連ね、軒下や屋内の鴨居などに吊り下げておく、サギムーチーという風習も各地でみられました。このサギムーチーには蒸しあがった餅をこの時季の寒風に晒すことで日持ちをよくするという効果もあり、まさに先人の知恵といえるでしょう。

菓子類のそう多くはなかった時代、子供ひとりひとりに与えられるサギムーチーはたいへんうれしいものだったようで、さげ連ねられたムーチーを一個ずつ外し、幾日もかけてアタラサガミ(惜しみながら大事に食べること)しました。

しかし年齢の数だけとなれば、毎年一個ずつ増えはするものの、年長の兄や姉を超えることは絶対にありませんから兄弟姉妹間の不平等は永久に解決をみないのですが、うるま市の与那城平安座では、かつては子供の年齢にかかわらずムーチーウユミの日から正月までの日数と同じ数をひと綴りにして吊したといいます。

ただ、この珍しい数の決め方には、毎日一つずつムーチーを食べて正月を待つ意味があるといいますから、どうやらサギムーチーをめぐる子供たちの諍いを防ぐ親の配慮ではなく、年明けまでの残暦板とでもいうべきものだったようです。欧米でも、二十四の小窓付きの器に菓子を入れ、十二月一日から一日一つずつその窓を開けて中の菓子を食べながらクリスマスを待つアドベントカレンダーというものがありますから、文化の全く異なる遠く離れた地域にもかかわらず、よく似た風習が存在するものだと感心させられます。

子供が産まれてはじめて迎えるムーチーウユミはハチムーチー（「ハチ」は「初」のこと）と称して特に重視され、両親や祖父母をはじめ家族総出で大量に作ったムーチーを親類や隣近所に配って回ることは、今日でもよく行われています。

ムーチーをウニムーチーともいって「鬼餅」の字をあてるのは、この行事の由来によるもので、鬼と化した兄を女陰の呪力によって妹が退治するという鬼餅の由来譚は沖縄本島地域ではよく知られた民話のひとつです。**かつてはウニヌフィサヤチュン（鬼の**

足を焼く）という意味で、餅を蒸した熱湯を屋敷の内外に撒いたり、食べ終わった餅を包んでいた葉を十字に結んで魔除けとして軒先に吊したりもしました。

全県的にムーチーウユミは旧暦十二月八日に行われることが多いのですが、沖縄本島中部の東海岸沿い、西原町や中城村、北中城村の一部などには七日の地域もみられます。他地域の一日前にムーチーウユミを済ませる理由について西原町一帯では、町内池田の山中に葬られた御茶多理真五郎《ウチャタイマグラー》という豪傑の霊がかつては村々に出没し、ウユミシチビ（年中行事）のたび各家庭で供えたご馳走を盗み食いして腐らせたことから、これを出し抜くべくムーチーウユミを一日早めるようになったとの言い伝えがあります。

このほか、与勝半島などでは旧暦十二月一日がムーチーウユミとされますが、琉球の正史『球陽』には、もともとムーチーウユミは十二月の庚子、庚午の日に行っていたものを尚敬王代の一七三五年に十二月八日に定めたとあり、古くは十二月の何日に行うかは年ごとにまちまちだったようです。ムーチーウユミが今なお地域によりいくつかの日に分かれているのは、その名残かもしれません。

またこれらに加え、近頃では沖縄本島北部などを中心に新暦の十二月八日にムーチーウユミを行う地域も多くなりました。ただ、当然ながら新暦で行う地域ではサンニンの香り高いムーチーを味わうことはできても、さすがにムーチービーサだけは味わうことができないようです。

ウグヮンブトゥチとヒヌカンの上天

旧暦の十二月には、一年の間に一家の繁栄や無病息災を祈願した神仏を年末に改めて拝み、その加護に感謝をするウグヮンブトゥチ（御願解き）の行事があります。フトゥチは「解く」という意味で、一年間かけ続けてきたさまざまな願いごとを年末に一旦解除するという意味を持つこの儀礼からは、沖縄では神々への願掛けが一年単位の更新制と考えられてきたことがうかがえます。

ヤシチヌウグヮンや、ウカチミ(十二支の守本尊)を祀る寺院への巡拝も、旧暦の十二月に行われるものはウグヮンブトゥチの意味があり、本来ならば一年を通じて拝んだ御嶽やカー、寺社などといったすべての聖地を巡り、感謝の祈りを捧げねばならないということのようです。

しかし、各家庭の台所に祀られるヒヌカンには、ウトゥーシといってさまざまな場所へ遠隔での祈願ができる便利な機能があるとされるため、年末にウグヮンブトゥチとしてヒヌカンを拝めば、一年間さまざまな対象に掛けてきた願いごとのすべてを一度に解くことができると考えられているようです。

このウグヮンブトゥチの日取りは、十二月初旬にあるムーチーウユミ以降の吉日を選ぶという人もいれば、旧暦十二月二十四日に行う人もいます。ムーチーウユミ以降とするのは、年内最後の祈願を伴う行事であるムーチーウユミを済ませた後でなければ、一年間のすべての願いごとを解除できないという理由によるものでしょう。

一方、二十四日をウグヮンブトゥチとするのは、この日に各家庭のヒヌカンが一年に一度、天に上るとされるためです。本来、ヒヌカンの上天はカーサンタキ(カーや御嶽などの聖地)や寺社を参詣したり、ヤシチヌウグヮンを行ったりするウグヮンブトゥチとは別の行事だったはずですが、どちらも一年の締めくくりの意味があるため、次第に一度で済ませるようになったものと思われます。**その結果、今ではヒヌカンの上天のこともウグヮンブトゥチとよぶ地域がかなりあるようです。**

旧暦十二月二十四日のヒヌカンの上天は、家族ひとりひとりが一年間に行った良いこと悪いことのすべてを天の神に報告するためのものといわれます。ウグヮンブトゥチと同化したこともあり、この日のヒヌカンへの御願はたんに一年の家族の無病息災への感謝と解釈されることも多いのですが、本来の上天の意味を知っている人は拝む際に「今日はこのようにたくさんのお供え物を捧げておりますので、よいことだけを報告し、悪いことは決して告げ口なさいませんように」と唱えることもあります。

ところで、ヒヌカンの上天の行事の際、他の御願とは異なるきわめて特徴的な線香の供え方をすることがあり、供える本数は家庭や地域で異なるものの、一度線香を供えた後、これが燃え尽きないうちに新たな線香を立てることを七回繰り返します。この立て続けに焚かれる線香の煙に乗ってヒヌカンは天に上るとされますが、沖縄では古くからこの世と神の世との間にはナナキジャイ(七つの階段、梯子)があるといわれており、上天のために架ける梯子の段数が線香を供える回数で表されたもののようです。

久高島の神事イザイホーでも、神女となる女性はこの世と神々の世を結ぶ橋に見立てた「七つ橋」を渡る儀礼があるほか、死者がカミアガイ(神に昇格する)するとされる三十三年忌や、カミンチュなどと称する霊能者の儀礼などに焼いて供えられる切込みを七つ入れた紙も「ナナハシ」や「ハシカビ」などといい、これらもおそらく神の世界への七つの橋の役目を果たす紙という意味かと思われます。

しかし、この世と神の世との間は七段あると考えながら、ヒヌカンが天から下りてくるとされる日の祈願では、線香を供える回数を七回ではなく五回とする家庭や地域があります。その理由を尋ねると、上天の日より下天の日は天が低くなるとか、「下りるときはある程度の高さまでは梯子を使うが、あとはポンと飛び降りるらしい」などと説明されますが、どうしてこのように考えられるようになったのかは謎というほかありません。

御歳暮と御年賀

新年のあいさつのため贈答の品を携えて正月に親戚や知人宅を訪問する年始回りは、ほぼ全国的にみられる習慣で、沖縄ではニントゥーマーイ(年頭回り)やニントゥー(年頭)などとよばれます。

年始回りの贈答品には、大和では「年始のお祝い」を意味する「御年賀」と表書きした熨斗紙を掛けますが、沖縄では「御歳暮」の表書きが一般的で、県内のスーパーなどで販売される年始回り用のギフトセットも「御歳暮」の熨斗紙が掛かったものがほとんどです。

しかし、御歳暮とはその文字が示すとおり「歳の暮れ」を意味する語であり、沖縄以外の地域では一年間の厚誼《こうぎ》に対するお礼として、年末(おもに十二月中)に贈る品に用いる表書きです。ウチナーンチュの多くはあまり深く意識していませんが、正月に御歳暮を贈るという風習は全国的にみても沖縄独特であり、しかもたいへん奇妙なものなのです。

では、こうした沖縄独特の御歳暮の風習には何らかの深い意味があるのでしょうか。残念ながらそのようなものはまったくなく、たんなる誤りというのがその答えです。**熨斗紙やその表書きは、もともと大和のしきたりで、沖縄ではこの数十年ほどで定**

着したものですが、年始回りの「御歳暮」はこれが広まる過程で何らかの勘ちがいによって生じた、いわば誤用の慣用ともいうべきものです。

なお、「大和正月(新暦の正月)は沖縄の暦(旧暦)ではまだ年末なので、大和正月に行う年始回りには御歳暮を贈る」との説もあるようですが、沖縄では旧暦の正月に年始回りを行う場合でも御歳暮を贈る人が多いため、これは正しい説明とはいえないでしょう。

いずれにせよ、現在の沖縄県内ではすっかり定着しているとはいえ、年始回りの「御歳暮」はやはり全国的には通用しない一種のローカルルールですから、とくに他県の方に対して年始のあいさつの品を贈る場合には、熨斗紙には「御年賀」と正しく表書きをするのが無難といえるでしょう。

正月飾りはいつまでに

鏡餅やしめ縄、門松といった正月飾りは、新しい年を祝う縁起物だけに飾り付けるのに適した日と避けるべき日があるとされ、年の瀬の慌ただしい中でも多くの方がその日取りを気にされているのではないでしょうか。

大和では、正月飾りは十二月二十八日までに済ませるべきものとされ、その翌日の二十九日は「九」が「苦」に通ずることから、松を飾ると苦を待つ「苦松《くまつ》」、鏡餅を供えると苦を持つ「苦餅《くもち》」といって忌み嫌われます。

また、大晦日に飾ることも「一夜飾り」として嫌われますが、これは前日に慌てて支度をととのえる様子が葬儀の準備を連想させるためなどといわれます。

二十八日までに正月飾りを済ませることができなかった場合、「苦松の二十九日と一夜飾りの大晦日（三十一日）の間の三十日なら大丈夫」という説明もよく聞かれますが、これは暦が明治のはじめに新暦に改められてからできた、ごく新しいルールです。

新暦では十二月は三十一日までですが、旧暦の一か月は二十九日か三十日までしかないため、十二月が三十日間なら三十日は大晦日で一夜飾りとなってしまい、二十九日間なら三十日自体が存在しないのです。

一方、沖縄では苦松や苦餅といった語呂合わせや一夜飾りを気にする風習はもともとなく、トゥシヌユール(大晦日)か、地域によっては元日の早朝に正月飾りをととのえていました。そのため、沖縄では大掃除をひととおり済ませた大晦日の夕方ごろにしめ縄や鏡餅を飾るという家庭が今も結構多いようです。**つまり、「正月飾りはいつまでに済ませるか」という問いの答えは、大和式にならえば十二月二十八日まで、沖縄式ならば大晦日か元日の早朝ということになるでしょう。**

また、大和では鏡餅やお雑煮に使う餅をつくのにも日取りが気にされ、さきに説明したとおり二十九日は「苦餅」といって嫌われます。ただ、これとはまったく逆に二十九を「福」とよみ、二十九日の餅つきは縁起がよいとの説もあるなど、地域や人によりその解釈はさまざまです。

沖縄では、餅が正月の行事食として重視されなかったため餅つきの習慣はないかわり、正月料理のメイン食材である豚肉の確保のため、かつては十二月末になると各地でウヮークルシー（豚の屠殺と解体作業）がさかんに行われました。ただ、その日取りについても苦餅のような縁起かつぎの語呂合わせなどは特になかったようです。

三十一日ではない旧暦の大晦日

トゥシヌユール、すなわち旧暦の大晦日は十二月何日かという問いは、実は簡単に答えが出せるものではありません。これに「十二月三十日」と回答すれば五十点くらいですし、「旧暦十二月三十一日」などと紹介された文章を時折目にしますが、これなどは完全な間違いで零点、暦をよく知らない人が書いたものとみてよいでしょう。

旧暦の一か月は二十九日、三十日のいずれかで、三十一日となる月は存在しません。

また、二十九日の月と三十日の月は交互に訪れ、必ず一、三、五、七、八、十、十二月は三十一日間となる新暦のように、何月が何日間かも固定されてはいません。そのため、新暦のように毎年必ず大晦日が十二月三十一日というようにはならないのです。ですから、実際に過去の暦を調べればすぐわかるのですが、トゥシヌユールは旧暦十二月三十日の年もあれば二十九日の年もあります。

トゥシヌユールを十二月三十日と答えると五十点というのはこうした理由によるもので、旧暦には三十一日が存在しないため当然ながら十二月三十一日では零点というわけです。

トゥシヌユールは、沖縄でも特に旧暦の正月を盛大に祝う地域において重視され、各家庭ではティビチやソーキの汁物といった豚肉を使った料理を中心とするご馳走を仏壇に供え、一年を無事に過ごせたことに感謝します。

そして、夕食にはそのウサンデーを家族揃って食しますが、それとともに茹でた豚肉の塊をマルチャ（まな板）に載せたまま食事の席に持ち出し、包丁で家族一人分ずつに切り分ける風習がありました。これはマルチャジシ、あるいはトゥシトゥイジシ（年取り肉）などとよばれるもので、トゥシトゥイジシとはこの肉を食べれば年も改まり、また一つ齢を重ねるという意味の語です。

大和では「年取り肴」といって鮭や鰤などの魚が年越しの晩の膳に上ることが多いのですが、沖縄ではこれに相当する食材が豚肉とされ、これは食文化の特色を端的に示すよい例のひとつといえるでしょう。

そしてこの日は家族だけでなく、ひとつ屋根の下に住まうすべてのものが揃ってよい年を迎えられるようにと、日頃は疎ましく思っている鼠さえもウスメー（お爺さん）、ハーメー（お婆さん）とよんで敬い、「よい年を取られ、来年は我々に害を及ぼしませんように」などと唱えつつ、天井の梁や桁の上に小さな握り飯を載せておきました。

また、農家では日頃使っている鍬や鋤などの農具をきれいに洗い清め、家庭によっては並べた農具の前にウブク（小型の器に盛った米飯）を供えました。これは道具にも年を取らせるという意味があり、生きる糧を得るために使う道具を尊び、感謝する心を表したものです。

動物や道具にも人と同じように年を取らせるという考え方は、現代人からすると何とも興味深く、近頃は「年は取りたくない」という言葉ばかりが聞かれますが、昔の人々はみんな揃って年を取ろうと考えていたわけです。

このようにしてトゥシヌユールを過ごしたあと、年が明ければ「ワカドゥシカラトゥイミソーチー」、直訳すれば「若い年から取られましたでしょうか」と新年のあいさつを交わしました。人間はもとより、万物の生命は年が改まると同時に新たに甦るというのが古い時代の考え方であったため、トゥシヌユールを無事に乗り越えて元旦を迎えることができればすべてはリセットされ、心も体も再び若さを取り戻すというわけです。

若水や若木など、正月の縁起物に「若」が付くのもこうした考え方を示すもので、新年をことほぐ琉歌としてよく知られる「新玉の年に　炭と昆布飾て　心から姿　若くなゆさ(新たな年に炭と昆布を飾れば、心も姿も若くなるようだ)」の冒頭に使われる掛詞の「新玉」も、もともとは「新たな魂」を意味するものです。

今でも私たちは正月を迎えるたび、「明けましておめでとうございます」とあいさつを交わします。しかし、年が明けると何がめでたいのか、改めて考えることはあまりないだろうと思います。実はこのお決まりの新年のあいさつも、もともとは無事に年を越して新たな年を迎え、心身の若さを取り戻したことを互いに祝い合う意味をもつものでした。

年末年始のさまざまな風習や言葉からは、古い時代には大和でも沖縄でも年を越すことは生命の一大危機を乗り越えることであり、年が明ければ新たな生命を授かると考えられていたことがうかがえます。

II・御願の意味とすすめ方

インターネット上のグイス

情報技術の発達は伝統的なしきたりとも決して無縁ではなく、たとえばインターネット上で「ヤシチヌウグヮン」と検索すれば、拝むべき場所、供え物の種類や数量、方言のグイス（祈願の際に唱える言葉）まで、あらゆる情報を収集できます。**実際、若い世代を中心にインターネット上の情報をもとに御願を行う人も増えているようですが、書き込みの容易さや匿名性といった性質ゆえに正確さを欠くものも一部に見られるため、利用にはいささか注意が必要です。**

特に方言のグイスには表記に難のあるテキストがかなり存在し、なかでも問題の多い、伸ばす音を表す「ー」の用法について例を示せば、ヒヌカンに敬いの「御」を冠した「ミヒヌカン」を「ミーヒヌカン」と書いてしまうと「新しい火の神（「ミー」は「新しい」の意味）」となり、意味まで異なってきます。また「チューヤチーターチデービル（今日は一日でございます）」を「チュウヤーチィタチディービル」としたものや、「ソーイイビーン

（しております）」を「スーイビィン」と書いたグイスなどは、実際に発音することも困難です。

日常生活がヤマトゥグチ（標準語）中心の今日、方言のグイスのよい指導者を得ることは容易ではなく、インターネットや書籍でグイスが紹介され、利用される背景にはそうした事情もあると思われます。

しかし、使う側が方言を知らなければこうしたテキストの精度も判断することはできません。**「グイスは方言で唱えなければ通じない」といった考えもあるようですが、こうした状況で闇雲にインターネット上のテキストに頼るよりは、むしろ普段使い慣れた言葉で的確に祈願の趣旨を述べるほうが、無難かつスマートといえます。**

近年では、「心さえあれば、形式なんかに縛られる必要はない」といった説の台頭もあり、特に御願の道具や供え物については極端な簡略化や誤解、手前勝手な解釈による創作が溢れています。しかし、方言のグイスという形式にこだわるなら、まずは道具や供え物など目に見える形式にこそ心を配りたいものです。道具や供え物がいい加減では、いかに流暢な方言で正式なグイスを唱えたとしても、それはまるでパジャマの上に紋付の羽織を着るようなもので、何ともちぐはぐで締まりのない御願となってしまうからです。

しきたり界の奇妙な「シマクトゥバ」

沖縄で「あの世のお金」とされるウチカビは、三枚あるいは五枚重ねの黄色の薄紙で、仏壇の前で供える場合、現在では水を入れたステンレス製のボウルの中で焼くことが一般的ですが、かつては陶製の鉢が用いられました。今ではほぼ聞かれなくなりましたが、ウチカビを焼くための陶製の鉢を首里辺りでは「ンチャヤビバーチ」といい、ンチャビ(御紙)はウチカビの別名、ハーチは鉢で、「ウチカビを焼く鉢」という意味です。

しかし、近ごろインターネットでウチカビを焼く器について検索すると、ンチャヤビバーチではなく「カニバーキ」という名称がヒットします。カニは「金属」、バーキは「籠」や「ざる」のことですが、もともとウチカビを焼く器は陶製の鉢であり、また籠では水を入れられないことから、この方言名はごく最近の誤訳的な創作と思われます。

家庭の台所で祀るヒヌカンは、かつては神体、あるいは依代《よりしろ》として古い時代のかまどの形を模した三個の石を置いたことから、「三つのもの」を意味する「ミチムン(三つ物)」、「ウミチムン(御三つ物)」の別名があります。ヒヌカンは天・地・龍宮の三つの門、三つの神の世のウトゥーシの門だとする「三つ門」説もありますが、沖縄では門を「ムン」とはいわないため(西武門《ニシンジョー》、赤田御門《アカタウジョー》のように、門は「ジョー」となります)、これは正しい解釈とはいえません。日本語のオ段の音がウ段に変わる沖縄本島中南部一帯にみられる法則から、ミチムンの「ムン」を「もん」と変換して「門」としたようですが、注意すべきはこれが単純な誤訳ではない点です。

祈りが「通ずる」、神々に願いを「通す」ヒヌカンのイメージと、門を「通る」イメージを重ね、いかにももっともらしく説明したこの「三つ門」のように、沖縄のしきたり界には

スピリチュアル系に引き寄せて創作された本来の意味とは異なる解釈がいくつもみられ、そしてこれらを信ずる人も多いのが現状です。

沖縄県は九月十八日を「しまくとぅばの日」に制定するなど、近年では官民をあげて「シマクトゥバ」の保存と継承、普及のための活動がさかんに展開されています。とにかくあまり難しく構えず、まずは一人でも多くの人に地元の言葉に親しみを持ってもらうことは重要です。ただ同時に、正しい継承のためには、巷にあふれる明らかに誤った言葉や解釈をきちんと改めていく取り組みも不可欠でしょう。

沖縄と大和、それぞれの「旧暦二〇三三年問題」

沖縄の年中行事の多くが旧暦で行われる理由を「ウチナーンチュは旧暦を重んずるため」と説明する人は多いのですが、これでは「なぜ旧暦を重んずるのか？」という新たな疑問を生むだけで、実際は何の答えにもなっていません。ウチナーンチュが旧暦に固執する背景には、神仏や祖霊の祭祀、呪術的儀礼などの形式をむやみに変えれば何らかの災いを受けるのではないかという「おそれ」の存在を指摘できます。

また、中秋の名月と称される八月のジューグヤーを新暦で行っては、夜空に浮かぶ月は満月とはなりませんし、稲の収穫儀礼である六月のウマチーを新暦で行えば約一か月早まるため、稲はまだ刈り取れる状態には育っていません。つまり、古くから旧暦で行われてきた行事をそのまま新暦の日付に移してしまうと気候や季節感に大きなずれが生じ、供え物の調達に支障をきたすことも、今なお旧暦にこだわり続ける理由として考えられるでしょう。

公式の暦を新暦とする現在の日本に国の定める旧暦は存在せず、現在われわれが使用する旧暦は、一八七三（明治六）年まで公式の暦法（カレンダーの算出システム）であった天保暦をもとに民間で算出した、非公式の暦です。

ただ、この天保暦の算出システムは二〇三三年には破綻し、従来通りの方法では旧暦

が作れなくなることがわかっており、このことは新聞やインターネットなどでも「旧暦二〇三三年問題」としてたびたび報じられています。そして今、問題の二〇三三年はいよいよ間近に迫ってきました。

実際に旧暦が作れなくなれば、年中行事の多くを旧暦で行う沖縄では日常生活の各面に混乱が生ずることは必至ですが、日ごろ旧暦がさほど強く意識されない大和でも「六曜」をめぐる問題が取り沙汰されています。先勝、友引、先負、仏滅、大安、赤口からなる六曜は、冠婚葬祭の日取りや日々の吉凶判断の基準として今も全国的に重視されていますが、旧暦の日付に割り振られる六曜は旧暦が破綻すれば当然決定不能となり、大和でも社会生活に一定の影響を及ぼすことでしょう。

すなわち、旧暦二〇三三年問題の最大の関心事は沖縄では旧暦の日付、大和では六曜といえそうですが、いずれにせよこれは今なお日本では旧暦が必要とされていることを示しています。そのため、二〇三三年を境にこの国から旧暦が消滅することはなく、この数年のうちにカレンダー、占術、ブライダル等の業界の主導で新たな旧暦作りのルールが打ち出されるものと私は予想しています。

大和の厄年、沖縄の厄年

厄年とは、思いがけない災難に見舞われやすく、諸事順調に運びにくいとされる年齢のことで、古くからその一年間は万事において十分に注意を払い、忌み慎んで過ごさねばならないとされてきました。

大和では、いずれも数え年で男性は二十五、四十二、六十一歳、女性は十九、三十三、三十七歳が厄年とされることが一般的です(これに加えて、女性の六十一歳を厄年とする地域もあります)。いずれの厄年も前の一年を前厄、後の一年を後厄としてそれぞれ三年の間は注意が必要とされます。また、この厄年のうち男性の四十二歳、女性の三十三歳は最も注意すべき年齢とされ、大厄とよばれますが、これは四十二が「死に」、三十三が「散々」に通ずるためなどと説明されています。

しかし、こうした大和の厄年とは異なり、沖縄では性別にかかわらず十二年に一度めぐってくるウマリドゥシの一年間が厄年と考えられ、その年齢は数え年の十三、二十五、三十七、四十九、六十一、七十三、八十五、九十七歳となります。

沖縄にはトゥシビーユーエー（年日祝）などといい、ウマリドゥシに祝宴を催す風習がありますが、これも本来は大勢の人を招きにぎやかに過ごすことでウマリドゥシの人の厄をはらう目的で行うものとされています。そして、こうした祝宴の前には厄年であるウマリドゥシの人の無病息災をヒヌカンや仏壇に祈願するのが古くからの習わしです。また、ウマリドゥシの一年間は婚礼や住宅の新築など、人生を左右するような大きな事業を行うのは避けるべきとされますが、これもウマリドゥシが厄年と考えられているためです。

なお、ウマリドゥシを無事乗り切った翌年の正月にはハリヤク（晴厄）といって、厄年が明けたことを祝う風習もありました。

大和の厄年

厄年の前後１年、計３年は要注意
特に大厄は最も注意すべきとされる

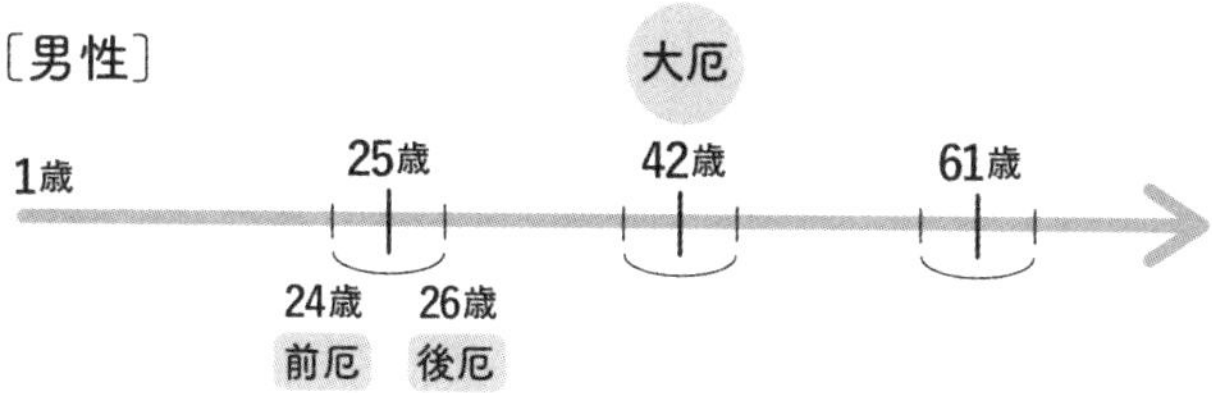

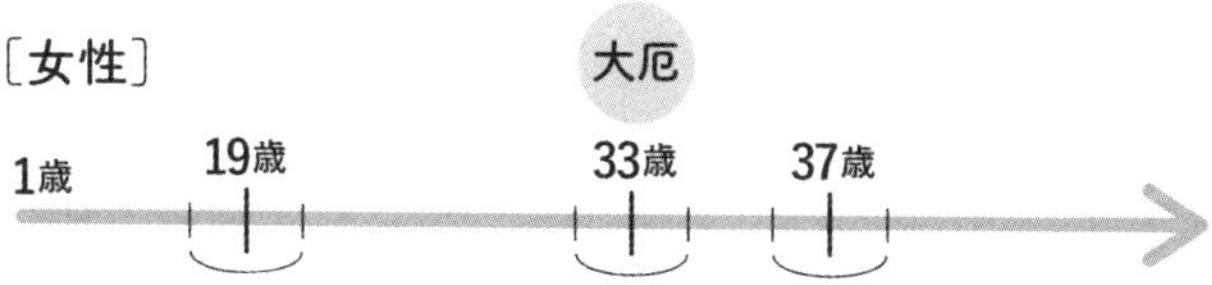

沖縄の厄年

男女ともウマリドゥシの１年間が厄年
厄年にはトゥシビーユーエーを行う

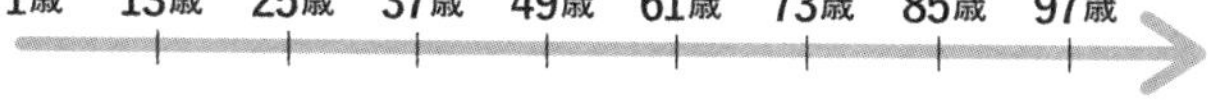

カジマヤー

仮に百歳まで生きた場合、厄年は大和では三回なのに対し、沖縄では八回もあるのですが、大和では三回それぞれに前厄と後厄があるため、注意を払うべき期間は計九年となり、結果的には沖縄も大和も厄年の通算年数はほぼ同じということになります。

ただ、近ごろでは大和式の厄年が沖縄でも広く知られるようになり、沖縄式と大和式の両方の厄年を気にかけ、他県の人々に比べてかなり長い期間を注意深く過ごすウチナーンチュも多いようです。

祝儀袋と香典袋

冠婚葬祭に現金を贈る際、熨斗や水引のついた祝儀袋や香典袋（現在、一般に「熨斗袋」などと総称されるもの）に包むしきたりは、沖縄ではこの数十年の間に普及した、大和式の習慣です。**そのため、熨斗袋自体もほとんど他県製のものを使っていますし、基本的な使い方もほぼ大和式に沿っているのですが、他県にない沖縄独特の行事で熨斗**

袋を使う場合のルールについては、地域や個人の考え方によって結構ばらつきがみられます。

その代表的な例を紹介すると、沖縄本島地域では葬儀や法事には香典袋を用いますが、シーミーやシチグヮチ、彼岸といった年中行事は弔事ではないとして、仏壇や墓に供える場合でも祝儀袋を使うことが一般的です。

また、沖縄では故人の霊は死後三十三年を経るとカミアガイするとされることから、三十三年忌とその直前の二十五年忌はウフスーコー（大焼香）とよばれ、赤く色付けした菓子やかまぼこを供えるなど、法事でありながら祝いごとに準じた位置づけがされています。そのためウフスーコー、特に三十三年忌には紅白の水引がついた祝儀袋にお金を包み、仏前に供える焼香客が多くみられます。

一方、八重山地域では葬儀や法事はもとより、十六日祭や彼岸、盆などの年中行事でも、仏前にお金を供える際にはすべて香典袋を使うことが一般的です。他県でも彼岸や盆には香典袋にお金を包みますから、沖縄本島より八重山のほうが大和式に近い熨斗

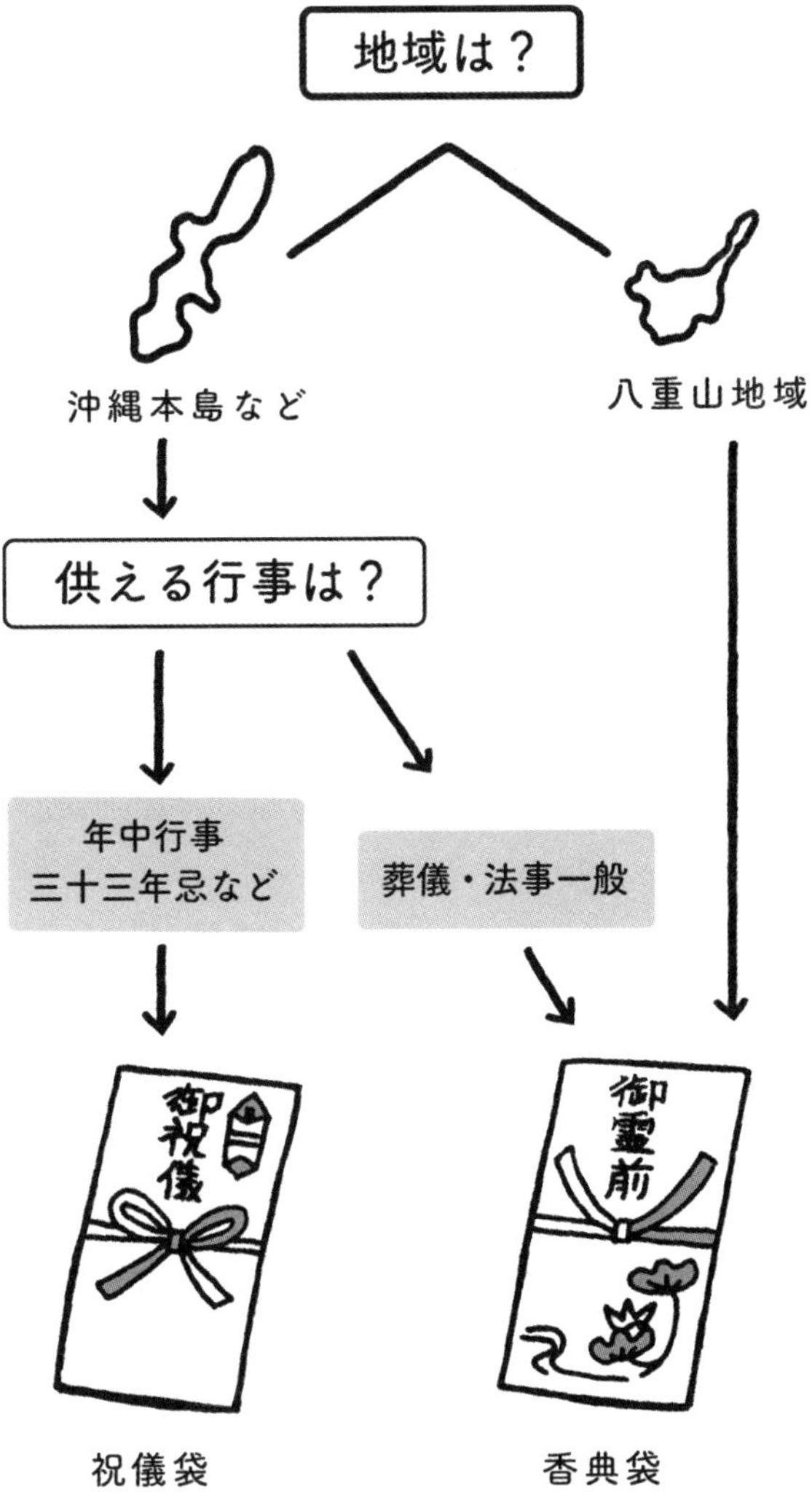
地域は？
沖縄本島など
八重山地域
供える行事は？
年中行事
三十三年忌など
葬儀・法事一般
御祝儀
御霊前
祝儀袋
香典袋

袋の使い方をしているといえるでしょう。

なお、熨斗袋の本家本元である大和では、包みの形状に大阪折(関西折)と東京折とよばれる二種類があるほか、近畿や四国では四十九日以降の法事には黄と白の水引をかけた香典袋を使うのに対し、関東ではこれを使わないなど、その形式は大和でも関西と関東で大きく二分されています。現在の沖縄で使われる熨斗袋の形式は、このうち関東式がおおむねベースになっているようです。

真逆の風習、うるう年

旧暦のうるう年は一年が十三か月で、通常の年に比べて一か月多くなります。この増えた分の一か月を「うるう月」、沖縄ではユンヂチといいます(ただし最近では、うるう月ではなく、旧暦のうるう年一年間を「ユンヂチ」とよぶことが定着しています)。

大きな事業をおこすときや人生の節目にあたって、縁起を担ぎ、日の良し悪しを気にするのは世の常ですが、沖縄では墓の新築や改修、仏壇やトートーメー（位牌）の購入、修繕などは旧暦のうるう年に行うのがよいとされてきました。

今もこれを重視する傾向は強く、県内の分譲墓地や仏具店では旧暦のうるう年が訪れるたび、「ユンヂチセール」が大々的に展開されますが、その背景には「ヒーナシ」という考え方があります。ヒーナシは「特に日を選ぶ必要がない」という意味で、通常の十二か月とは異なるイレギュラーなうるう月は、暦の吉凶を判断する対象にはならないとして、「うるう月には日の良し悪しがない」と説明されます。そのため、墓や位牌を新調したりつくり替えたりする場合、通常はユタやサンジンソーなどの専門家に適した日を見立ててもらいますが、ユンヂチにはその必要がなく、いつ手がけても差し支えないというわけです。

このように、沖縄では旧暦のうるう年（本来はうるう月）が墓や仏壇の新調、修繕の好

機とされていますが、大和では沖縄とはまったく逆に、多くの地域で「旧暦のうるう年に墓を建てたり、仏壇を買ったりするのは縁起が悪い」と考えられています。

もともとこの大和の風習は、大きな出費を避けるために墓の建立や仏壇の購入を控えたことに由来し、近代以前は武士の俸禄や奉公人の給金の多くが年額制だったため、十三か月のうるう年でも通常の年(十二か月)と同じ収入で暮らさねばならないという事情から生じたものといわれます。近代に入って暦は新暦となり賃金は月給制が主流となっても、旧暦のうるう年に墓や仏壇を求めるのを控える風習だけは残りましたが、本来の意味が忘れられたため、いつの間にか「縁起が悪い」という、もっともらしい理由があとづけされたようです。

ただその理由はともあれ、沖縄と大和では旧暦のうるう年に関する真逆の風習が存在しますから、沖縄出身者と他県出身者の両方がいる家庭などでは、墓や仏壇の購入、修繕を考える際には、すこし注意が必要かもしれません。

親元のヒヌカンから灰を分ける

ヒヌカンは、沖縄では古くから家ごとに祀られてきた一家の守り神で、今も多くの家庭の台所にヒヌカンを祀るウコール(香炉)が置かれています。

結婚などにともない新しい家庭をつくると、新たにヒヌカンをウシタティ(御仕立。新設すること)して台所に祀るのが伝統的なしきたりですが、このとき、親元(多くは夫の生家)のヒヌカンのウコールから灰を取り分けて新しいウコールに移し入れる風習は、多くの地域でみることができます。

これには、親元で信仰されてきたヒヌカンの灰を分け移すことで、新しいウコールにもその霊力も移すことや、親元のヒヌカンと分家のヒヌカンとの間につながりを構築するといった意味があり、ヒヌカンを家の神と捉えていること、線香の灰には霊的な特殊性があると考えていることなど、沖縄の信仰の特徴がよく表れています。

親元のヒヌカンから分ける灰の量はスプーン三杯程度あれば十分で、あらかじめ市販の灰（沖縄県内の仏具店やホームセンターでは、専用の「香炉灰」が売られています）を入れておいた新しいウコールに分けてきた灰を加えれば、新たなヒヌカンがウシタティできます。

なお、こうした風習はかつて火おこしに相当な労力を要した時代、分家時に親元のかまどから種火を譲り受けたことにルーツがあるようです。生活様式の変化に即し、実用性を兼ね備えていた種火から純粋に儀礼的なウコールの灰へと、ヒヌカンの象徴として受け継ぐものも変わっていったのでしょう。

ただ最近では、新たな家庭のヒヌカンには親元の灰を加えず、新しい灰だけでウシタティするよう指導するユタやスピリチュアルカウンセラーも存在します。その理由については「親元のヒヌカンの灰を譲り受けると、その家の災いや代々の因縁もすべて受け継いでしまい、新しい家庭に不幸を招く恐れがあるため」などと説かれるようです。

しかし、一家をあらゆる災厄から遠ざけ守る家の神という伝統的なヒヌカンの性格と、ヒヌカンの灰を受け継ぐと一家に災いが生ずるという解釈の間にはかなりの矛盾があります。おそらく、ヒヌカンの灰の継承による因縁継承説はごく近年の創作、物知り顔の人による独自解釈と考えられますが、現在ではそれなりに世間に広まり、信ずる人や実践する人が多くなっていることもまた事実です。

ヒヌカンの道具と普段の管理

家庭の台所に祀られるヒヌカンには、向かって右にウコール、左にハナイチ(花瓶)、その前に湯のみやコップ、小皿を、それぞれ一つずつ置くのが基本で、これに酒を入れるための盃を加える家庭も多く見られます。現在ではヒヌカンの道具は絵柄のない白い焼物を用いることが一般的になりましたが、もともとは色や絵柄の有無についての決まりごとは特になかったようです。

これらの道具のうち、線香を立てるウコールは最も重要なものとされ、ウコールがヒヌカンの神体と考える人もいます。ヒヌカンのウコールは三本の足が付いたものが一般的ですが、この足は拝む人の側から見て一本が手前中心になるよう置きます。近ごろは「ヒヌカンのウコールは足二本が正面を向くよう置きましょう」と説明したマニュアル本もありますが、これは正しい説明ではありません。

ハナイチには、チャーギ(イヌマキ)、フチマ(マサキ)、クロトンなど葉物の小枝を挿し、普通は花を生けることはありません。ハナイチの水は定期的に取り替え、挿した葉は枯れないうちに新しいものに取り替えるように心がけます。

また、湯のみやコップには水を入れて供えますが、ガラス製の器は長く使っていると水に含まれる石灰のこびり付きが目立つようになるため、焼物を用いたほうがよいでしょう。

小皿には市販の食塩を盛って供えます。指を使い小山を作っても構いませんし、盃などで型抜きして盛ってもよいでしょう。なお、ヒヌカンに供える塩は一つの皿に一盛りとする家庭と、三つの山を作る家庭があります。

線香の灰が風に飛ばされ台所を汚さないよう、普段はウコールにラップをかける家庭もあるようですが、灰の飛散を防ぐにはヒヌカンを祀る場所選びが重要で、風の通り抜ける窓際や換気扇のそばなどはできるだけ避けたほうがよいでしょう。

また、祀る場所の背後に窓がある場合、クサティ（背後を覆うもの）がないと神様が落ち着かないとの理由でウコールの背後に板を立てることがありますが、これは風除けとしても効果的といえます。

近ごろはヒヌカンを祀るスペースとして台所の壁面の一部にニッチ（くぼみ）を設ける例もみられますが、これもきれいにヒヌカンを祀るにはよい考えでしょう。

また、台所のスペースがヒヌカンのために狭められるのを嫌って小さなウコールを選んだものの、線香が立てにくく灰もあふれやすいため、結局大きなものに買い替えたという話もよく聞きますから、灰の飛散防止にはウコールのサイズ選びも重要です。

ヒヌカンの手入れ

ハナイチには
葉物の小枝を挿す
ウコールは手前中心に
足１本がみえるように置く
水を供える器は

1 紙などを敷いて、ウコールの灰をこぼす

2 線香の燃え残りや、固まった灰を取りのぞく

3 ウコールやハナイチ、湯飲みを水洗い、または洗剤で洗う

4 道具が乾いたらウコールに灰を７割ほど戻し、ハナイチの葉物や水、塩は新しく取り替える

ここから導き出されるヒヌカンの灰対策の目下の結論としては、できるだけ窓際などを避けて祀ること、ある程度大きさのあるウコールを使うこと、そして年末のウグヮンブトゥチに行うヒヌカンの掃除の際、ウコールの中の灰を多めに取り除き、ウコールに戻す量を七割程度にとどめることだろうと思われます。

ヒヌカンを新たに祀る方法

結婚などで独立した子の世帯が新たにヒヌカンを祀りはじめる場合、原則として親世帯と住まいを別にする時点でウシタティすることになります。**そのため、この場合のヒヌカンのウシタティは転居当日、もしくは転居前後の吉日を選んで執り行うことになります。**

また、新生活を始めてからすでにある程度月日が経っている世帯の場合は、暦を見て適宜吉日を選んで行うとよいでしょう。
なお、ヒヌカンのウシタティは一家の主人のウマリドゥシ、盆や清明の時期などは避けたほうがよいと説く人もいるため、念のためこうした点も日取りの際の参考にするとよいでしょう。

ユタやムヌシリなどの専門家に依頼すると、日取りはもとよりウシタティの儀礼一切を取り仕切ってもらえますが、それなりに費用がかかりますし、かつては親元のヒヌカンから灰を取り分けて自分たちでウシタティすることが一般的でした。その手順は家庭や地域により細かなちがいはあるものの、ごく簡単にその一例を示せば次のとおりです。

まず、親世帯のヒヌカンのウコールに線香十五本を立て、「今日のよき日に、この家から分かれて新たに所帯を構えますので、火の神様をウシタティするための灰をお分けくださいませ」と報告します。その後、ウコールから灰をスプーン三杯分ほどすくい取って白紙（白い封筒でもよい）に包み、子世帯の新たな住まいへ持っていきます。

新たにヒヌカンを祀る子世帯の台所では、あらかじめ祀る場所を決めて掃除し、道具類もすべてきれいに並べ整えておきます。道具類は購入後に塩を振ってから洗い清め、次のように準備します。

①ウコール……新しい灰（市販の「香炉灰」など）を入れる
②ハナイチ……チャーギやフチマなど葉物の小枝を挿す
③小皿……塩を盛る
④湯のみ……水を入れる

親世帯のウコールから取り分けてきた灰を新しいウコールの中に入れてから、線香十五本を立て、子世帯の住所、姓や屋号、家族の氏名、年齢などを告げた後、「親元の火の神様からお分けいただいた灰を加え、今日のよき日に新たに我が家の火の神様をウシ

ヒヌカンのウシタティ

1 あらかじめ、新たにヒヌカンを祀る場所は掃除し、道具類は塩を振って洗い清めておく

2 吉日を選んで親世帯のヒヌカンのウコールに線香を15本立てる

「今日のよき日に、この家から分かれて世帯を構えますので、ウシタティのための灰をお分けください」

と報告し、ウコールから灰を取り分ける

3 取り分けた灰を新たなウコールに入れ、線香を15本立てる

4 住所、姓、屋号、家族の氏名、年齢などを告げる

5 「親元の火の神様からお分けいただいた灰を加え、ウシタティ申し上げましたので、一家を見守り、繁栄へとお導きください」

と祈願する

タティ申し上げましたので、今後は家族の健康や安全をお見守りくださり、一家を繁栄へとお導きくださいませ」と祈願します。

これでヒヌカンのウシタティの儀礼はひととおり完了ですが、専門家が執り行う場合は、このあと地元の御嶽(村落祭祀の中心となる聖地)や村ヒヌカン(村落の火の神)などを拝む場合もあるようです。

供え物は、専門家に依頼するとさまざまな品を用意するようといわれますが、基本的には通常の御願と同じく一対の酒と米、ウチャヌク(三段重ねの白餅三組)、白紙などとなります。そのほか、新しくウシタティしたヒヌカンにはお祝いとして赤ウブク(湯のみなどに山高に盛った赤飯三つ)や赤饅頭、果物などを適宜供えるとよいでしょう。

ウチャトーは毎朝か月二回か

仏壇にお供えするお茶を、沖縄本島一帯ではウチャトーあるいはチャトーなどといい、漢字で書けばチャトーは「茶湯」、ウチャトーは「御茶湯」となります。

沖縄の仏壇は、祖先の名を記した位牌を上段の中心に据えてその手前にウコールを一つ置き、位牌とウコールの両脇にハナイチ、燭台《しょくだい》(ろうそく立て)、そしてウチャトーを供える湯のみなどの道具を、それぞれ一対(二つ)ずつ左右対称になるよう置くのが基本的な道具の配置となります。このうち、一対ずつ置かれた道具類にはそれぞれ同じものを供えるのが大原則で、ハナイチには同じ種類の草花を左右対称となるように生け、燭台にはそれぞれ同じろうそくを立てます。**そして、一対の湯のみには両方ともお茶を注いで供えるのが沖縄におけるウチャトーの伝統的な形式となります。**

近ごろ、「片方はお茶、片方は白湯か水」や「向かって右には水、向かって左にはお茶」といったウチャトーの供え方を勧める葬祭業者や寺院なども一部にあるようですが、これは大和のしきたりに影響を受けたものと思われます。また、ウチャトーは漢字で書けば「茶湯」となるため「茶と湯」が正しく、両方の湯のみにお茶を注ぐのは誤りだと考える人もいるようです。

ウチャトー配置の一例

沖縄では、仏壇へのウチャトーを毎朝供える家庭と、チータチ・ジューグニチ（旧暦の毎月一日と十五日）にだけ供える家庭があります。これまで私が見聞きした限りでごく大づかみにいえば、旧首里・那覇を中心とする都市部では毎日、そのほかの地域ではチータチ・ジューグニチに供える家庭が多いことから、これは地域や家庭による習慣のちがいと思われ、どれが正解といった性質のものではないようです。

ただ、最近ではこうした伝統的なしきたりにとらわれず、特に夫や妻、親、子といった身近な人を亡くした場合、コーヒーや紅茶など生前故人が好んだ飲み物を毎朝仏壇に供えることも多く、これなどはウチャトーの供え方の現代的な変容といえるでしょう。

なお、毎朝ウチャトーを供える家庭では、チータチ・ジューグニチには仏壇にウブクを供えることが多いようです。つまり、チータチ・ジューグニチにだけウチャトーを供える家庭では、これが月二回の特別な供え物とされるのに対し、毎日ウチャトーを供える家庭では、チータチ・ジューグニチの供え物はウブクと考えているわけです。

ウチャトーのウサンデーと仏壇の湯のみ

沖縄では、仏壇に供えるウチャトーは、毎朝供える家庭と、チータチ・ジューグニチに供える家庭に大きく二分されます（p131「ウチャトーは毎朝か月二回か」参照）。**ただし、一旦供えたウチャトーをウサンデーするタイミングは多様で、毎朝供える場合なら翌朝、新たな茶を供える直前に湯のみの中の前日の茶をこぼすか、供えた日の夕方にウサンデーします。**また、チータチ・ジューグニチにのみ供える場合は、次にウチャトーを供えるまでの半月間そのままにしておき、新たに茶を供える際にウサンデーしていれ替える家庭と、供えてから何日か後にはウサンデーして湯のみを洗い、空にしておく家庭に分かれます。

そのほか、「供え物は線香が消えたらウサンデーするべきもの」という考えに基づき、ウチャトーとともに供えた線香が燃え尽きると、早々に湯のみの中の茶をこぼして空にする方もいるようです。

毎朝であれチータチ・ジューグニチであれ、新しい茶にいれ替える直前にウサンデーする方法には、常に湯のみに茶の入った状態を保つ、つまり茶を常時供えておくという意味があります。

一方、供えてから一定の期間が経つとウサンデーして湯のみを空にするのは、長期間茶を入れたまま放置するのは不衛生であり、湯のみに茶渋も付くというのが主な理由のようです。

意味付けや理由はともかく、ウチャトーのウサンデーのしかたがこのように多様なのは、古くからこれについて確たる規定や作法が存在せず、各家庭で最もやりやすい方法が採られてきたためです。

なお、ウチャトーをウサンデーして中身を空にした場合でも、湯のみは必ず仏壇の元の位置に戻しておきます。このとき、空の湯のみを伏せて置く方もいますが、これは正しい方法とはいえません。

沖縄では、祖先の位牌を祀るため仏壇に供える道具のうち、湯のみをはじめウコールやハナイチなどは常時仏壇の中に配しておくものとなっています（そのほか、家庭によっては酒を注ぐ盃、ろうそくを立てる燭台なども加わります）。そして、これらの道具は中身の有無にかかわらず常に同じ状態、たとえば湯のみであれば茶が入っていなくても伏せずに置くのが古くからの一般的なしきたりです。

ウチカビは一組三枚か五枚か

グソーヌジン（あの世のお金）とされるウチカビは中国にルーツをもつ供え物で、日本では沖縄だけにみられるものです。紙で作ったお金という意味でカビジン（紙銭）ともよばれており、年中行事や法事の際、仏壇や墓の前で焼くことで祖先のもとに届くとされます。

現在、最もよく使われる市販のウチカビは、縦横とも二十センチの黄色のごく薄い紙を五枚重ねて二つに折り、沖縄の古い貨幣の形（直径一・五センチの円の中心に正方形を入れたもの）を縦に十、横に五ずつ、計五十個打ち付けてあります。

ウチカビとは、貨幣の形を「打ち」付けた「紙」という意味で、かつては金属や木製の型が各家庭にあり、行事のたびに必要な分だけ紙に型を打ち付けて作っていましたが、今では型打ち済みの市販品が普及したことから家庭でウチカビを作ることはほとんどなくなりました。

ウチカビは、三枚ないし五枚重ねたものを一組として焼き供えますが、その枚数は家庭によって異なります。そのため、一体どちらが正しいのか、また枚数の差にはどんな意味があるのかといった疑問を持たれる方も多いようです。私が県内各地で調べたところでは、三枚一組は地域を問わず県内全域でみられるのに対し、五枚一組は那覇市一帯に多く、他の地域でも家系のルーツを首里や那覇にもつ旧士族系の家庭に多い傾向があるようです。

打ち紙
壱万円

一般的なウチカビ　現代的なウチカビ

どうだ金もちになったろう
そんなにいらぬわ
もやしすぎ…

景気がいいからといって
燃やしすぎはほどほどに…。

また、五枚一組の家庭でも、その家の当主は五枚、次男や三男、女子などは三枚というように、供える人によって枚数に差を設けているケースもあります。

旧士族系に五枚一組、それ以外のいわゆる旧庶民系に三枚一組が多いことや、当主とそれ以外の子孫とで枚数に差をつけた例などからみて、ウチカビ一組の枚数のちがいは、格式や身分の差を示すものだったと思われます。

ただ、近ごろでは三枚一組で供える家庭はしだいに減りつつあり、「昔は三枚一組でしたが、今は五枚一組で焼いています」といった話は地域を問わずよく聞かれます。これは、市販品のウチカビの普及による変化で、五枚一組となった市販品をいちいちばらして三枚一組に組みなおすのも面倒だし、少ないならばともかく多い分には特に問題ないだろうと考え、五枚のまま焼くようになったということのようです。

ウチャヌクの語源はお茶の子

沖縄では餅のことをムチといいますが、大、中、小と径を変えた白い餅を三つ重ねたものはウチャヌク、あるいはウチャナクなどといって特別な供え物とされ、通常のムチとは区別されます。

ウチャヌクは、御嶽やカーなどを拝む行事をはじめ、屋敷を清めるヤシチヌウグヮン、年末のウグヮンブトゥチなどの御願には欠かせない供え物で、沖縄県内のスーパーに行けばいつでもパック詰めのウチャヌクが入手できることは、その需要の高さを物語っています。

カミグトゥ（祭祀儀礼）に詳しい方によれば、ウチャヌクが三段重ねとなっているのは天、地、龍宮（海）の象徴、あるいはウサチユー（先の世）、ナカガユー（中の世）、イマメー（今の世）という原始から現在までの時代を表すものなどとされます。また、地の恵みである米に天の恵みである水を加え、神聖な火を用いて作るウチャヌクはこの世の恵みのすべてが融合した供え物と説く人もいます。

こうした説によればウチャヌクは世の中のすべて、過去から現在までのすべてを象徴したものであり、宇宙を凝縮し時空を超越した壮大なスケールをもつ供え物ということになるのでしょう。


しかし、さまざまな意味が説かれる一方、「ウチャヌク」の語源が古い大和の言葉にルーツがあることについては案外知られていません。

大和では室町時代辺りからお茶に添えられる菓子や軽食を「お茶につき従う子のようなもの」という意味で「お茶の子」とよぶようになり、江戸時代にはおやつ用の「茶の子餅」の行商もあったといいます。

また、明治の末に発表された泉鏡花の小説『草迷宮』には「渋茶にまた舌打しながら、円い茶の子を口の端へ持って行くと」とあり、近世から近代にかけては「茶の子」の語がごく一般的に使われていたことがわかります。

現在も西日本一帯、特に山陰・山陽辺りでは香典返しの品に「茶の子」と表書きをする風習があり、これも仏事で供えたり配ったりする菓子に由来するものですから、古い歴史をもつこの言葉はいまだ現役のようです。

一方、沖縄に伝わった「お茶の子」の語は神仏に供える餅や菓子という意味から、供え物としてよく使われた三つ重ねの白餅の呼称として定着したものと思われます。近頃はシルムチ(砂糖や味を加えない白い餅)を好む人が少ないこともあり、砂糖を加えた餅や焼菓子のコンペン、タンナファクルーなどでウチャヌクをかたどったものも市販されていますが、茶菓子やおやつという本来の意味を考えれば、これらはシルムチのウチャヌク以上に立派なお茶の子といえるでしょう。

正月には、黄、赤、白の三枚の紙を敷き重ねた上にウチャヌクを載せて仏壇やヒヌカンに供える地域もあり、これは特にウトゥシジャマ(御歳玉)やカガンデーとよぶこともあります。カガンデーは鏡餅のことですが、もうひとつの呼称であるウトゥシジャマは正月に供えたり贈ったりする丸餅、いわゆる鏡餅をかつて大和では「歳玉」といったことに由来するもので、これもまたウチャヌクと同様にかなり古い日本語にルーツをもつ言葉です。

この歳玉の「玉」は、もともと魂を意味するもの（p96「三十一日ではない旧暦の大晦日」参照）とされ、古くは年が改まるとともに人の魂は更新されて心身ともに新たに甦るとされたことから、その新たな魂の獲得を祝うために正月に作られたのが「歳玉」の餅でした。おそらく新しいことを清らかな白い色で、魂のかたちを玉のような丸さで表したのでしょう。

ちなみに、時代が下ると贈り物の歳玉は餅から金品に変わり、これが現在私たちのよく知る「お年玉」になったといいますから、大人にとっては何とか餅の時代に戻れないものかと願わずにはいられません。

誰にでもできるような簡単な物事に対して「お茶の子さいさい」ということがありま

すが、これは「お茶の子を食べるようにごく簡単な」という意味のようです。しかし、ウチャヌクという供え物の意味や語源を深掘りしてみると随分と奥が深く、こちらはどうやら「お茶の子さいさい」というわけにはいかないようです。

果物のシールとネット、重箱のラップは外して

神仏やウヤファーフジ(ご先祖様)への供え物として、果物は代表的なもののひとつです。特にカミウガミ(神拝み)をする際には、酒、米、ウチャヌクなどとともに、バナナ、りんご、みかんの三種類の果物は欠かせないと考える方も多いようです。

拝みに詳しいとされる方々によれば、バナナは月、りんごは太陽、みかんは地球、またバナナは男(父)、りんごは母(女)、みかんは子を意味するなどとされます。

また、バナナは父の手なので五本、りんごは母の乳房なので二個と、個数にも決まり

があるといった説も聞かれます（ただし、バナナ、りんご、みかんの三種は、季節を問わず手頃な価格で入手できることなどからこの数十年で定番化した供え物で、これらの意味付けはいずれも近年の創作、あとづけと思われます）。

ただ、ある種の沖縄らしさというべきか、供え物の種類や数量についてはいろいろな意味付けがされるわりに、供え方についてはかなり無頓着な傾向があります。

買ってきた果物をそのまま器に盛って供えてしまう方がかなり多いようですが、供える前には表面に貼られたシールなどを剥がし取り、固く絞った布巾などで表面を拭うようにしたいものです。表面を拭うのが難しい桃やキウイフルーツなどは軽く汚れを払う程度でかまいませんが、バナナは幹から切り取る際に出た汁が黒く固まり表面に付着しているため、特に念入りに拭き取りましょう。

また、りんごや桃にかぶせられたポリエチレン製のネット（フルーツキャップ）は輸送時の傷を防ぐためのものですから必ず取り外して供え、ぶどうなども箱やパックから取り出して供えるようにします。

なお、果物以外の食べ物を供える際にもこうした心遣いは必要で、重箱に詰めた料理や餅にかけられたラップ、オードブル容器の透明な蓋などはきちんと外した状態で供えるのが正しい作法です。

われわれも、ラップや蓋がかかったままのごちそうを「どうぞ」といわれても、食べるのをためらってしまいます。**要するに、果物や料理といった食べものの供え方の基本は、誰かに実際に召し上がっていただくとするならばどのようにして差し出すべきか、そうしたことを考えながらととのえるということに尽きるでしょう。**

「よろこんぶ」ではない沖縄の昆布

沖縄では、正月にタントゥクブをヒヌカンや仏壇、床の間に飾るしきたり（p21「沖縄の鏡開きはいつ」参照）があり、これは炭を「たん」、昆布を「こぶ」と読み、「たんとよろこぶ」をあらわす縁起物と説明されます。古くから日本では、炭は「住み」に通じ、ひとところに永住して一家が繁栄することを意味し、昆布は「よろこぶ」の語呂合わせからいずれも縁起物とされてきました。また、炭は山、昆布は海の恵みをそれぞれ象徴するものといわれます。

さらに、昆布は沖縄の人々に古くからたいへん好まれてきた食品で、現在も他県に比べて沖縄県民は昆布の消費量の多いことで知られており、行事食にもさまざまに取り入れられてきました。たとえばジューバクには昆布の煮しめや白身魚の芯に昆布を巻いて煮たクーブマチ(昆布巻)が詰められますし、細く刻んだ昆布と豚肉を炒め煮にしたクーブイリチーのほか、豚肉を使った汁物や煮物にも昆布は欠かせないものとなっています。

大和では「よろこんぶ」の縁起を担ぎ、行事食としての昆布は正月のおせちなどもっぱら祝事に用いられるのに対し、沖縄では特に縁起物とは位置付けられず、慶弔を問わず使われる点が大きな特徴です。そのため、人が亡くなって間もないナンカ(七七忌)のジューバクなど、死者を供養する儀礼の供え物にも昆布がふんだんに使われます。

昆布を縁起物とする大和のしきたりが沖縄に浸透しなかった理由についてはいろいろ考えられますが、おそらく昆布はウチナーンチュ好みの食品であったことから、慶弔を問わずクヮッチーに使いたいとの意識が強く働いたことがひとつの要因だろうとみています。

なお、正月のタントゥクブから「やはり沖縄でも昆布は縁起物なのでは?」と考える方も多いかと思いますが、沖縄で明確に昆布が縁起物とされるのは、正月飾りとして炭に巻いた場合にほぼ限られています。また、「たんとよろこぶ」とヤマトゥクトゥバで意味が説かれる点からみても、タントゥクブ自体がもともと大和由来の正月飾りと考えられ、やはりウチナーンチュは昆布だけでは縁起物と考えてはいなかったことがうかがえます。

タントゥクブ

クーブイリチー

昆布巻

重箱の三枚肉、皮は上か下か

大和では、市販の食肉といえばスライスやミンチされたものが圧倒的に多いため、三枚肉（バラ肉）、ソーキ（骨付きのあばら肉）、グーヤーヌジー（前脚の上の肉）と、豚のかたまり肉が大量に並んだ沖縄のスーパーの精肉コーナーに驚かれる他県出身の方は多いようです。沖縄でかたまり肉が好まれるのは、かつては家庭で食肉用の豚を飼い、これを解体して得たさまざまな部位のかたまり肉を調理し、食してきた名残なのでしょう。

年中行事や法事で重箱に詰めて供える料理をシシカマブク（肉とかまぼこ）とよぶ方もいるように、豚肉は七品、九品と詰める料理のなかでも中心的な食材です。そして、重箱に詰める豚肉料理といえば、皮付きの三枚肉の煮しめが最も一般的です。

行事食として重箱に料理を詰める際には、料理の色や形、詰め方にさまざまな約束ごとが存在します。

その代表的なもののひとつが、ナンカやニンチスーコー（年忌）などの弔事には三枚肉の皮を上にし、それ以外の行事、たとえばシーミーや盆には、逆に肉の部分を上にして詰めるというルールです。これには、慶事と弔事は儀礼の性格が正反対であることから、供え物の上下も真逆にするという意味があるようですが、実際には同じ三枚肉を使った料理でも、長寿祝いや正月などに出されるラフテー（三枚肉の角煮）はほぼ例外なく皮を上にして盛り付けられていますし、三枚肉最大の特色ともいえる皮をあえて見えないように重箱に詰めるというのは、何とも不自然な感じです。

多くのウチナーンチュが家庭で豚を飼い、あらゆる部位の肉を利用していた頃は、三枚肉のほかボージシ(ロース)なども煮しめて重箱に詰められましたが、皮付きではないボージシには当然ながら皮の上下で慶弔を区別するルールはありませんでした。

しかし、市販の豚肉を用いるようになると好みの部位だけを選んで買えるため、重箱にはもっぱら皮付き三枚肉の煮しめばかりが詰められるようになりました。**弔事には皮を上、それ以外では皮を下にして詰めるというのは、家庭での養豚の習慣がすたれて肉を購入するようになり、「重箱には三枚肉」が定番化してから広く行われるようになった、かなり新しいルールのように思われます。**

ウチジフェーシで御願の経済効率に配慮

供え物は神仏や祖先に捧げる、つまり差し上げるものであることから、基本的に祈願を行う対象ごとに個別に用意すべきことはいうまでもありません。ですから、本来ならジューバクであれば拝む場所の数だけ、チュクン(一組)なりハンクン(半組)なりの料理と餅を重箱に詰めたものをそれぞれ個別に作らねばなりません。

しかしそうなると、アガリウマーイ、ナチジンヌブイなどのカミウガミや、門中単位で遠祖の墓などを拝むカミウシーミー（神御清明）のように、一度に多くの場所を巡拝する行事では何十組ものジューバクを用意しなければなりません。それでは経済的な負担が大きいうえ、自家用車もない時代ならば持ち運びも決して楽ではないことは容易に想像できます。

その解決策として先人たちが編みだしたのがウチジフェーシ、チジヘーシなどとよばれるたいへん画期的なルールでした。

これは、一度供えてしまった供え物でも、その一部を新たなものに取り替えれば全部が新しいものに変わったとみなすというもので、今でも沖縄ではジューバクやウチャヌクなどを供える際によく行われる方法です。ジューバクのウチジフェーシを例にとれば、重箱に詰めた料理とは別に予備の分の料理を用意しておき、まず一か所で供えた後、重箱に詰められた料理から一片だけを抜き取って予備のものと交換します。

これにより、実際に取り替えたのは一片だけですがウチジフェーシというお約束により、その重箱の中身はすべてが新しくなったこととなり、また別の場所に供えることが可能になるというわけです。

そして、この方法はさらに簡略化が進み、供え物自体をまったく取り替えることなく、一片を裏返すなどして状態を変えるだけですべてが新たなものに変わったとみなすウチジフェーシの方法も現れました。この方法では料理の予備さえ不要となるため、経済的な効率からいえば最も優れた、まるで永久機関のような方法といえるでしょう。

ところで、多くの書物ではこのウチジフェーシという語について、一部を取り替えることから「お継ぎ替え」、また一部をひっくり返すことから「お継ぎ返し」であるという説明がなされています。

しかし、「ウチジ」は継ぎ足すという意味の「お継ぎ」でよいとしても、「フェーシ」が替えるとか返すという意味ならば、その発音は「ケーシ」となるのが妥当でしょうから、私はこうした従来の解釈に疑問を抱き、注意して種々調べてきました。その結果、古文書には「御次はいし」や「御次はやし」とはあるものの、やはり「御次かへし」などと書かれた「返し」系の表記は見出すことができませんでした。

では、「フェーシ」とは何かということになりますが、おそらくこれは「ホーチャーフェースン(包丁を研ぐ)」などのように、もともと刃物や金属製の鏡を研ぐといった場合に使われる、磨き光らせるという意味の「フェーシ」であろうと思われます。

使い古した刃物を研ぎあげ新品の切れ味を甦らせることと、供え物の一部を取り替えることで新たに作ったときの状態に戻ったとみなすことは、どちらも再生や再利用という点で共通するニュアンスを持っています。**つまり、ウチジフェーシの「フェーシ」には、一度使ったものの一部に手を加えることで、再び新品と同じ状態に甦らせるという意味があるのだろうと思われます。**

供え物は誰のもの

十八世紀の中頃、久米村の蔡文溥《さいぶんぷ》(前祝嶺親方《まえしゅくみねウェーカタ》)が自家の年中行事や冠婚葬祭などについて記した『四本堂家礼』は、沖縄における行事マニュアル本の嚆矢《こうし》ともいうべきものです。

この『四本堂家礼』には、年忌の供え物の品目などを列挙した箇所に「有り合せざる砌《みぎり》は当季の品、之を用うべく候(これらが手に入らない場合は、その季節の品を用いましょう)」と添書きがされています。これを見ると、たとえ古くからの習わしで定められた供え物であっても、やむを得ない事情があれば他の品による代用も許されるという考え方が、蔡文溥の頃にはすでに存在したことがわかります。

年中行事や供え物について講演する際、私はよくこのことを紹介するのですが、そうすると決まって「昔からそうだったのなら、結局供え物は適当でいいんですよね」とか、「ウチナーンチュはやっぱり昔からテーゲー（いい加減）なんだね」という方がおいでになります。

しかし、『四本堂家礼』に記されるようにその時々に入手可能な品で本来の供え物の代用としたのも、また、先人が供え物の一部を取り替えてすべてを新しくしたとみなすウチジフェーシの手法を編み出したのも、今日のようにものが豊かではなかったからであり、いずれも「本来であればきちんとしたものを用意すべきところ、あいにく入手できないためにこのような供え物しかできず、たいへん申し訳ございません」との思いでなされていたという点を、決して忘れてはならないでしょう。

このかた数十年の食品の保存技術や流通の進展はめざましく、一年を通じてさまざまな食材が容易に入手できるうえ、現代人は昔の人々と比べれば普段から随分とよいものを口にしているといえます。

それにもかかわらずジューバクを供える行事になると「用意しても誰も食べないし、手間もかかるからやめておこうか」という声があちこちで聞かれます。**つまり、現代において供え物が省略される理由の多くは、したくてもできないからではなく、したくないからやらないということであり、結果として「供えない」という現象は同じであっても、その意味合いは大きく異なるものといえます。**

また、「わが家では誰も食べないジューバクをやめ、家族が食べたいものをお供えしています。これだと供え物を余らせて無駄にすることもありませんし、何よりもご先祖様は子孫の幸せを喜びますから、家族が揃って楽しくウサンデーをする姿を見せることこそ一番の祖先供養だと思います」と、旧習を打破し、現代生活にマッチした行事のありようを声高に説く人もいます。これなどは環境保護や食品ロス削減の視点まで取り入れて至極もっともという気もしますが、しかしよくよく考えるとやはり何だか妙な感じがします。

例えば、私たちは誰かにプレゼントをしようと思うとき、ふつうは相手の好みなどを考えて贈る品を選ぶのではないでしょうか。それからすると、自分の食べたいものばかりを供えるというのは、自分の好物を手土産に持参し、どうぞと相手に差し出しておきながら、本心ではその場で包みが解かれ自分にもふるまわれることを期待するようなものです。

そこには一応「供える」という行為はあるものの、実際には存在しない神や霊が飲み食いするわけなどないのだから、あとはこちらがすべていただき、という心が透けて見えるようでもあります。ですから、旧来の供え物を廃してウサンデーする側の好みの食べ物を供えること自体はむろん各家庭、各人の自由ですが、ただ、供え物の本来の意味に立ち返って考えるならば、それは決して人前で堂々と自慢するような性質のお話ではないと私は思うのです。

また、しきたりというもの自体がもともと形式の集合体であることから、近年よく聞かれるようになった「心さえあれば形にこだわる必要はない」という考え方を祭祀行事の世界に持ち込んでしまうと、究極的には供え物はもとより行事自体をする必要さえなくなってしまうのです。

沖縄の伝統的な供え物について講演させていただくと、質疑応答の時間になったとたん真っ先に挙手し、質疑というのに特に質問をするでもなく、誰も喜ばないジューバクを廃してウサンデー重視で家族の好物を供えるといった自分流の祭祀行事の方法を、先進事例の発表よろしく滔々《とうとう》と語る方にしばしば遭遇します。

あげくその方に「これが今の時代に合った方法ですよね」などと誇らしげに問いかけられると、供え物の意味やなりたちを二時間近く説明し、「祭具や供え物の形式は、目には見えない敬う心をかたちに表したものです」と締めくくったばかりの私はすっかり答えに窮し、「お願いですからあなたのご先祖様のように、私も存在しないことにしてはいただけないでしょうか」と心の中で呟き、その場から消えたくなるのです。

ヒラウコーは沖縄の常識、世界の非常識

世界屈指の香料の産地にして仏教発祥の国でもあるインドに起源を持つ線香は、仏教の伝播とともに中国に伝わり、朝鮮半島や日本などアジア一帯に広まりました。

沖縄でも、神仏や祖先を拝むときに線香は欠くことのできない供え物で、さまざまな種類のものが用いられますが、なかでもヒラウコーは最もなじみの深い線香といってよいでしょう。**しかしこのヒラウコーは世界的な線香の常識からみると非常に変わった特徴を多く持つ、何とも特殊な線香なのです。**

まず、「香」という文字がよい匂いを意味することからもわかるように、線香は伽羅《きゃら》や白檀《びゃくだん》といった香料を入れて作ることが大前提となりますが、ヒラウコーは特に香料を

含んでいないため、焚いてもよい匂いはほぼしません。線香といいながら香りのないこと自体、まずもって大いに特殊といえます。

また、「線香」とは細い線状に成型することによる名称ですが、ヒラウコーは細長い板状で、線ではないにもかかわらず線香とよばれることも特殊な点といえます。そしてチュヒラ（一枚。一片の意味）のヒラウコーは六本の細い筋が連なった形状になっているため、一枚を六本ともいい、これを半分に割って三本として供えるほか、場合によっては六分割の一本や、三分割の二本にして用いることもあります。このような分割法も他の線香にはないヒラウコー独特のものです。

そして、こうした本数にさまざまな意味を与え、行事や祈願の内容などに応じて供える本数を変えることも大きな特徴です。現在でも三本、十二本、十五本など、ヒラウコーの本数のよる使い分けは一般的に行われますが、こうした習慣も沖縄以外にはほぼないものと思われます。

ヒラウコーを供える本数に関するルールをコーブン(香分)といい、その意味については人によってさまざまに説かれますが、その代表的なものを紹介すると、三本は天、地、人、あるいは天、地、龍宮(海)の神を表すなどとされ、供える人からのあいさつ、各人ごとのお供えといった意味で用いることが多いようです。また、十二本(二枚)は年中行事に供えるコーブンで一年十二か月や十二支を意味し、年や月、季節の巡りや暦を表す本数とされます。

そして、特に何らかの願いごとをする際は、十二本に祈願者個人の分として三本を加え、十五本を供えるなどと説明されます。

そのほか、七本や九本、二十四本などのコーブンもありますが、これらは特別な目的をもった祈願や、ユタをはじめウグヮングトゥの専門家などが用いるごくイレギュラーなもので、一般にはあまり使われることはありませんし、人ごとにその本数や扱い方、意味付けなどもかなり異なります。そして、こうした特殊なコーブンは一般の人が無闇に供えるとかえって災いを招くといった俗信もあるため、あまり手を出さないほうが無難でしょう。

そうかと思えば、沖縄で昔からよく使われる言葉に「御香ドゥ孝行（御香こそ孝行）」というものがあり、これは本来、折にふれ祖先の霊前に香を手向け礼拝することこそ孝行であるという意味ですが、なかには「御香ドゥ孝行ヤクトゥ、ウフォークウサギレー（「御香ドゥ孝行」だから、たくさん供えなさい）」と、線香を大量に供えるほどよい供養になると解釈をされる人もいるようです。

そのためか、バーナーで一気に点火した大量のヒラウコーの束を景気よく供える人をしばしば拝所などで見ますが、これなどはものが豊富になりウコーも惜しみなく使えるようになった現代ならではの供え方といえるでしょう。

ヒラウコーに火をつけて供えたとき、その燃え方で吉凶を占ったり、その祈願が通じているかどうかを判断したりすることもあります。例えば火を付けた先の部分が全体に均一に燃え、灰が左右に開くように落ちてゆく様子を「御香ヌ花ヌ咲チョーン（御香の花が咲いている）」などといって吉相とし、逆に燃え方が左右均一でない場合や一部が燃え残るのを凶相とするようなものです。これも沖縄のヒラウコーならではの特徴といえます。

御嶽やカーなどにヒラウコーを供える際には火をつけないことが一般的で、これをフィジュルウコーやカラゴーといいます。「フィジュル」は直訳すれば「冷たい」、「カラ」は「手を加えない」といった意味で、いずれもヒラウコーに火のついていない状態を表しています。火をつけずに供える理由としては、カーは水の神であり、火と水はその性質が相反するためとか、火災予防のためなどとされています。

しかし、「焼香」という語があることでもわかるように、線香とは本来火をつけることで立ちのぼる香りを神仏に供えるものですから、これに火をつけないというのもまた沖縄の常識、世界の非常識ともいうべき、実はたいへん奇妙な供え方といえます。

戦前、豊見城市瀬長のウマンチューや那覇市天久の崎樋川《サチヒジャー》など、県内各地から多くの参詣者が訪れる聖地では、カミウガミのさかんな時季になると一日で山のように供えられるヒラウコーを地元の人々が回収して白紙の帯で束ね直し、これを売って拝所の維持管理費などに充てたといいます。これは参詣者たちがフィジュルウコーのルールを遵守していたからこそ可能だったのですが、近頃はカーや御嶽などの聖地でもヒラウコーに火をつけて供える人が増えているようです。

線香の灰、ただの燃えかすにあらず

大和でも沖縄でも、線香は伝統的かつごく一般的な供え物のひとつです。ただし大和では、寺院や仏壇、仏式の葬祭などにおいては線香はきわめて重要な供え物とされるものの、通常は神社、神棚をはじめ神道に関する祭祀儀礼に供えることはありません。線香は原則として仏教的な信仰や儀礼に限って供えるというのが、大和のしきたりです。

これに対して沖縄では、寺院、仏壇、墓はもとより、ヒヌカン、御嶽、トゥン、カーシン(井戸や湧き水の神)、ビジュル(霊石)など、仏教由来かどうかを問わず、ありとあらゆる信仰の対象に線香を供えています。また、供える線香自体も大和とは異なり、沖縄独自のヒラウコーが主流であることも大きな特徴といえます。

こうした点に加え、大和と沖縄では線香を焚いた際に発生する灰への意識も大きく異なり、大和では線香の灰は単なる燃えかすに過ぎないのに対し、沖縄では供えた神仏や祖先の霊力を帯びたもの、霊的な特殊性をもつものと捉えて丁重に扱う傾向が強くみられます。

香炉の中の灰は月日の経過とともに固くなり、しだいに線香が立ちにくくなるため、こうした状態になった場合は灰をふるいなどにかけて微粉末状に戻し、再び香炉の中に入れて使うのが一般的な手入れの方法です。

しかし、大和の仏具店や線香メーカーではこうした方法のほか、定期的に香炉の中の灰を全部捨てて新しい灰に入れ替えることも勧めており、実際に交換用の灰も市販されています。また近ごろでは、灰のように固まらず灰の飛散で仏壇を汚すことも防げる便利グッズとして、灰代わりに香炉に入れるガラスビーズなども登場しています。

一方、線香の灰には霊的な特殊性があると考えられている沖縄では、香炉の中の灰をすべて捨て去り新品に入れ替えることはまずありません。

そのうえ、仏壇は旧暦七月七日のタナバタ、ヒヌカンは旧暦十二月二十四日のウグヮンブトゥチというように香炉の掃除を行うべき日取りも定められ、それ以外の日にむやみに香炉の灰に触れてはならないとするしきたりも、今なお広く浸透しています。

また、結婚などに伴い親元を離れて独立した世帯を構える際、親元のヒヌカンの香炉から取り分けた灰を新しい香炉に入れてヒヌカンをウシタティする風習（p126「ヒヌカンを新たに祀る方法」参照）が存在するのも、ヒヌカンの香炉にたまった線香の灰はヒヌカンの霊力を帯びていると捉えているためでしょう。

仏壇に酒を供える

酒を飲むことによっておこる精神的な高揚感は、古くから呪術や宗教などと深く関連付けられ、神や精霊に酒を捧げ、祭祀の場で人々が酒を飲む習俗は世界各地に広く分布しています。大和でも沖縄でも、祭祀儀礼に酒が登場する機会は多くありますが、その内容にはいくつかのちがいがみられます。

沖縄では、御嶽やカーなどの拝所をはじめ、仏壇、ヒヌカン、墓、寺社など、あらゆる信仰や崇拝の対象に酒を供え、また、儀礼の内容や慶弔を問わずあらゆる行事に酒が用いられます。

これに対し大和では、神式の儀礼か仏式の儀礼かによって酒を供えるか否かは大きく異なります。
神道では酒を「御神酒」と称し、神社や家庭の神棚には欠かせない供え物とされる一方、仏教の多くの宗派では不飲酒戒（飲酒を禁ずる仏教の戒律）にもとづき酒は仏前への正式な供え物とはされません（なお、大和でも仏式の墓に酒を供える人は多いものの、これは仏教の教義とはあまり関係はなく、故人に好物を供える意味で行っていることが多いようです）。

また、酒を供える場合、大和では清酒（日本酒）を用いることが一般的なのに対し、沖縄ではウマチーに供えるミキなどの特別なものを除き、もっぱら泡盛（奄美一帯では焼酎）が用いられる点も大きなちがいです。

木製の小箱の中に御願に必要な供え物と道具一式を収納したビンシーには、泡盛を入れた一対（二本）の瓶と一個の盃がおさめられ、各家庭の仏壇には、祖先の名を記した位牌の手前に泡盛を注いだ盃やコップがほぼ例外なく置かれています。
また、沖縄では仏壇に泡盛の小瓶を常備している家庭も多く、近頃ではお供え用として専用ラベルを貼った瓶詰め泡盛も市販されています。

酒を仏壇の供え物として重視することは、すでに紹介した酒への原初的な観念もさることながら、祖先を祀る儀礼において酒を重要な供え物としている中国の習俗の影響がうかがえます。いずれにせよ、沖縄では家庭の仏壇にごく普通に盃や酒瓶が置かれるのに対し、大和ではこうした供え方はほとんどみられないのです。

ひとつのビンシーには瓶二本、盃一個

「ビンシー」とよばれる箱型の祭具は、御願に欠かせない酒を入れた瓶と盃、ハナグミ、ヒラウコーなどをひとまとめに収納し携行できるだけでなく、蓋を取り、盃を盃台にのせて瓶から酒を注ぎ、ヒラウコーとともに拝所の前に置けば、即座に御願が執り行える点も大きな特徴です。こうした利便性の高さから沖縄本島一帯では今もさかんに

用いられ、ホームセンターや大型スーパーでもビンシーはごく普通に販売されています。

ひとつのビンシーには酒を供えるための瓶を二本、盃を一個内蔵するのが通例で、市販品のビンシーは瓶二本と盃一個がちょうど収まる形状と寸法で作られています。これは、沖縄では伝統的に神仏や祖霊に酒を供える際の基本単位が瓶一対(二本)とされてきたためで、もともとビンシーが一人分(家のビンシーであれば、その家を代表する者)の供え物一式を収納する道具として作られたことを示しています。

近ごろ、ひとつのビンシーの周りに家族の人数分と思しき何個もの盃を並べ、一対の瓶からそのすべてに酒を注ぎ「この盃は○○から、この盃は××からの分です」などと唱えつつ御願を行う人を見ることがあります。また、なかには誰が供えた酒か区別、識別するためか、各人の十二支が描かれた盃を用いることもあるようです。

しかし、すでに説明したとおりひとつのビンシーに納められた瓶一対の酒は一人分

の供え物であり、これをいくつの盃に注ぎ分けても複数人分の供え物とはなりません。その理屈は、沖縄では一般に「他者からもらったウコーでは御願はできない」と説かれるのと同じで、供え物は他者から譲り受けることができないため、Aが供えた瓶からBの盃に注ぎ分けても中の酒はAの供え物でしかないという訳です。

大和には「ひとの賽銭で鰐口《わにぐち》叩く」ということわざがあり、これは、他人が賽銭をあげると、いかにも自分があげたよという顔で鰐口（寺社の軒先に吊るされた鉦《かね》の一種）を鳴らして拝み、御利益にあずかろうとするさまから、身銭を切らず他者の金で得をしようと目論むことを意味しています。

すべての供え物を自前でととのえることは、沖縄の御願における基本原則ですから、瓶一対、すなわち本来一人分の供え物であるべき酒を何人分にもしてしまうのは、伝統的な御願のありかたからみれば、それこそ他人の賽銭で鰐口を叩くようなものといえるのでしょう。

一対の瓶からいくつもの盃に注ぎ分けて家族一人ひとりが個別に酒を供える方法は、今のところさほど一般的ではなく、霊能者などの指導にもとづく特殊かつ新たなスタイルのようです。ただ、その当否はともあれ、従来家単位で行われてきた御願に個人主義的要素を取り入れたようにもみえるこうした方法の出現は、沖縄のしきたりの今、そしてこれからを考える上では非常に興味深く、今後の推移についても大いに気になるところです。

ビンシー

あとがき

この数十年のあいだ沖縄では、長男ありき、女性排除のトートーメー継承のシステムをめぐり、性差別、祟りの観念、財産の相続などの問題が各方面で議論されてきました。さらに近年ではこれらに加え、祭祀行事をめぐる役割分担が女性に大きく偏っていることや、伝統的な祭祀の継続が現代人にとって物心両面で大きな負担となっていることなども頻繁に指摘され、これらは「トートーメー問題」などと総称されています。

沖縄では古くから、祖先は常に子孫を見守り幸福と繁栄をもたらす存在とされてきました。しかし、今やその祖先を祀るための「もの」であるトートーメーは、多くのウチナーンチュにとっては現代の社会常識や生活形態と乖離した前時代的で厄介な存在とされ、「問題」という言葉までくっつけられてしまっているようです。

幼い頃から折にふれ「ウヤファーフジヌグウンヤ、チャーワシテーナラン(ご先祖様から受けたご恩は常に忘れてはならない)」と聞かされ、自身も固くそう信じて朝な夕なグリージン(仏壇)に手を合わせてきた筆者にしてみれば、これが現代の沖縄社会における大きな課題のひとつであることは十分に承知しつつも、やはりトートーメー問題という言葉を見聞きするたび、研究者としても生活者としても少し複雑な心境になるのです。

本書は、毎月一日発行の沖縄タイムスミニコミ紙「旧暦カレンダー」に連載の「現代沖縄しきたり学」、そして同ミニコミ紙に連載後、二〇一五(平成二十七)年にボーダーインクから書籍化した『沖縄しきたり歳時記』から、現代のくらしの中の御願を知り、実践するうえで役に立つと思われる四十八篇を選び出し、多くの皆さまによりご理解いただきやすいよう加筆修正を施したものです。編集にあたっては、若く鋭い感性で全体の構成などを効果的に組み立てていただいた担当の島袋弘暉さんをはじめ、ボーダーインクの各氏には種々細やかなご配慮を賜りました。また、筆者積年の望みが叶い、イラストならびにカバーデザインは宜壽次美智さんにお願いすることができました。確かな描き込みの中に一流のユーモアがのぞく宜壽次さんのイラストは何とも魅力的で、筆者としてはいささか困るのですが、きっと本文以上に読者の皆さまの心を捉えることと思います。

このたび本書を刊行できましたことは、編集、デザイン、印刷等を担っていただいた方々はもとより、筆者を厳しく温かくご教導くださった平敷令治先生をはじめ、今日まで多くのご教示やご厚情を賜りました皆さまのおかげです。ここに改めて心より感謝を申し上げますとともに、今後も日々調査と研究を重ねつつ、その成果をより広く、より解りやすく伝える活動に一層注力し、いささかなりとも皆さまのご恩に報いることができるよう努めたいと思っています。そしてこうした活動が、トートーメー問題をはじめ沖縄の御願をめぐるさまざまな現代的課題を解決するヒントのひとつになればと切に願っています。

思翠堂にて

令和甲辰元宵後五日

著者しるす

おもな参考文献（編著者名　五十音順）

このほか、県内各地の市町村史や文化財調査報告書、字誌、個人の伝記や自分史、辞典類など多くの資料を参考としましたが、ここではおもなものを掲げました。

稲福政斉「青い仏具は海の色 ―変容する習俗とつくられる伝承―」
　宜野座村立博物館『宜野座村立博物館紀要 ガラマン』一六　二〇一〇
稲福政斉『御願の道具と供えもの事典』 ボーダーインク　二〇一八
稲福政斉『沖縄しきたり歳時記 増補改訂』 ボーダーインク　二〇一九
稲福政斉『ヒヌカン・仏壇・お墓と年中行事 ―すぐに使える手順と知識―』
　ボーダーインク　二〇二〇
上江洲均『沖縄の民具』 慶友社　一九七三
上江洲均『沖縄の暮らしと民具』 慶友社　一九八二
沖縄県教育庁文化財課史料編集班編『沖縄県史研究叢書18 沖縄の民俗資料』

沖縄県教育委員会　二〇一八
嘉手川重喜『沖縄の神々と祭 年中行事』新星図書　一九七四
球陽研究会編『沖縄文化史料集成5 球陽』角川書店　一九九五
窪徳忠『増訂 沖縄の習俗と信仰 中国との比較研究』東京大学出版会　一九七四
窪徳忠『南島文化叢書Ⅰ 中国文化と南島』第一書房　一九八一
窪徳忠『目で見る沖縄の民俗とそのルーツ』沖縄出版　一九九〇
国立国語研究所編『国立国語研究所資料集5 沖縄語辞典』
大蔵省印刷局　一九六三
蔡文溥(前祝嶺親方)『四本堂家礼』上・下(影印本)
沖縄県教育委員会　一九八一・一九八二
崎原恒新『ハンドブック 沖縄の年中行事』沖縄出版　一九八九
崎原恒新・山下欣一『沖縄・奄美の歳時習俗』明玄書房　一九七五
渡口初美『沖縄の葬祭と先祖供養』国際料理学院　一九八五
渡口初美『沖縄の祝祭と年中行事 特集・結納、結婚編』国際料理学院　一九八七那覇市企画部市史編集室編　『那覇市史 資料篇 第2巻中の7 那覇の民俗』
　那覇市企画部市史編集室　一九七九
那覇出版社編　『沖縄の冠婚葬祭』　那覇出版社　一九八九
那覇出版社編　『沖縄・暮らしの大百科 冠婚葬祭・年中行事・風水』
　那覇出版社　二〇〇四
新島正子　『私の琉球料理』　柴田書店　一九八三
「日本の食生活全集　沖縄」編集委員会編　『日本の食生活全集47 聞き書 沖縄の食事』
　農山漁村文化協会　一九八八
比嘉淳子・チームくがに　『沖縄暮らしのしきたり読本　御願・行事編』
　双葉社　二〇〇八
比嘉朝進　『沖縄の年中行事一〇〇のナゾ』　風土記社　一九八四
平敷令治　『沖縄の祭祀と信仰』　第一書房　一九九〇
平敷令治　『沖縄の祖先祭祀』　第一書房　一九九五
ボーダーインク編集部編　『おきなわの一年』　ボーダーインク　二〇一八

外間守善・波照間永吉　『定本 琉球国由来記』　角川書店　一九九七
宮城文　『八重山生活誌』　沖縄タイムス社　一九八二
むぎ社編　『絵でみる御願365日』　むぎ社　二〇一五
「よくわかる御願ハンドブック」編集部
　『よくわかる御願ハンドブック ―ヒヌカン・トートーメー12カ月―』
　ボーダーインク　二〇〇六
渡邊欣雄他編　『沖縄民俗辞典』　吉川弘文館　二〇〇八

稲福 政斉（いなふく まさなり）

那覇市出身。沖縄各地の伝統的なしきたりや行事、祭具、供物について調査研究を重ね、その成果をわかりやすく伝える著述や講演活動にも取り組む。現在、沖縄県文化財保護審議会専門委員、沖縄国際大学・沖縄大学非常勤講師のほか、うるま市、沖縄市、北中城村、宜野座村、中城村、宮古島市などで博物館や文化財関連の委員をつとめる。
著書に『沖縄しきたり歳時記』（ボーダーインク、二〇一五）『御願の道具と供えもの事典』（同、二〇一八）『沖縄しきたり歳時記 増補改訂』（同、二〇一九）、『ヒヌカン・仏壇・お墓と年中行事 ―すぐに使える手順と知識―』（同、二〇二〇）、監修に『おきなわの一年』（同、二〇一八）があるほか、論考や連載多数。

「御願じょうず」なひとが知っていること
意味となりたち、そしてすすめ方

2024年2月29日　初版発行

著　者　稲福政斉
発行者　池宮紀子
発行所　（有）ボーダーインク
〒902-0076　沖縄県那覇市与儀226-3
電話　(098) 835-2777
https://www.borderink.com

イラスト・カバーデザイン　宜壽次美智
印刷　（株）東洋企画印刷

ISBN 978-4-89982-459-6